财 政 部 规 划 教 材
全国财政职业教育教学指导委员会推荐教材
全国中等职业学校财经类教材

市场营销基础知识

（第 四 版）

黄雪英　冯琪芳 主编

中国财经出版传媒集团
中国财政经济出版社

图书在版编目（CIP）数据

市场营销基础知识／黄雪英，冯琪芳主编．—4版．—北京：中国财政经济出版社，2018.7（2023.7重印）

财政部规划教材　全国财政职业教育教学指导委员会推荐教材　全国中等职业学校财经类教材

ISBN 978－7－5095－8257－2

Ⅰ.①市…Ⅱ.①黄… ②冯…　Ⅲ.①市场营销学—中等专业学校—教材　Ⅳ.①F713.50

中国版本图书馆CIP数据核字(2018)第108393号

责任编辑：刘瑞思　　责任校对：杨瑞琦
封面设计：陈　瑶　　版式设计：董生萍

中国财政经济出版社出版

URL：http：//www.cfeph.cn

E－mail：cfeph@cfeph.cn

社址：北京市海淀区阜成路甲28号　邮政编码：100142

营销中心电话：010－88191537　北京财经书店电话：64033436　84041336

北京中兴印刷有限公司印刷　各地新华书店经销

787×1092毫米　16开　11印张　259 000字

2018年6月第4版　2023年7月北京第4次印刷

定价：26.00元

ISBN 978－7－5095－8257－2

（图书出现印装问题，本社负责调换）

本社质量投诉电话：010－88190744

打击盗版举报热线：010－88191661　QQ：2242791300

编写说明

本教材是财政部规划教材、全国财政职业教育教学指导委员会推荐教材，由财政部教材编审委员会组织编写并审定，作为全国中等职业学校财经类教材使用。

《市场营销基础知识》是商贸、财经类专业的入门教材，我们在借鉴国内外一些市场营销学著作的基础上，融合多年市场营销教学的经验和体会，编写了本教材。全书共分10章，第1、2章主要介绍市场营销的概念、任务、市场营销观念及营销环境；第3至第6章主要介绍市场分析的方法、内容，并通过市场调查与预测，选择目标市场，进行市场定位，确定营销战略；第7至10章主要介绍产品策略、定价策略、分销策略和促销策略及其组合；最后是综合实训，结合前面的章节每章编写了一道实训题，着重培训学生的市场营销综合能力。

本教材各章的编者是：福建龙岩财经学校的黄雪英（第1、4章）、郑碧仙（第2、7章），云南普洱财校的冯琪芳（第3、8章），河南省会计学校的及涛（第5、6章），河南郑州财税金融学院的南志光（第9、10章）。全书由黄雪英和冯琪芳总纂定稿。

本教材每章后均配有“课后练习”，书后配有九个实训操作练习。用书学校任课老师若需要练习题的答案，请以电子邮件的形式向中国财政经济出版社索取（请注明：学校、全书名、版次），E-mail：caijingjiaocai@163.com。本教材还为任课老师制作了电子教案及电子课件，如果需要，请登录如下网址下载：http://www.zgcjjy.com 或 cjjc.cfeph.cn。

由于时间仓促，水平有限，书中错误和缺点在所难免，敬请同行、读者给我们提出宝贵的批评和建议。联系邮箱：hxy-0066@163.com。

编　者

2018年6月

目 录

第1章 市场营销绪论

学习目标：☐ 理解市场、市场营销的概念
☐ 了解市场营销的产生与发展
☐ 明确学习该课程对企业经营活动的意义

在非洲卖鞋

美国一家制鞋公司正在寻找国外市场，公司总裁首先派出了自己的财务经理到非洲一个国家让他去了解那里的市场。几天以后，该经理发回一封电报："这里的人根本不穿鞋，此地不是我们的市场。"于是该公司又把自己最好的推销员派到那里以证实这一点，他在那里呆了一个星期发回了电报："这里的居民没有一个人有鞋，这里是巨大的潜在市场。"该公司最后又把自己的市场营销副经理派去考察。他在非洲呆了三个星期，发回电报："这里的人不穿鞋，但有脚疾，需要鞋；不过我们现在生产的鞋太瘦，不适合他们，我们必须生产肥些的鞋。我们要教给他们穿鞋的方法并告诉他们穿鞋的好处。这里的部落首领不让我们做买卖，只有向他进贡，才能获准在这里经营。我们需要投入大约 1.5 万美元，他才能开放市场。他们没有钱，但这里盛产菠萝。我测算了三年内的销售收入以及我们的成本，包括把菠萝卖给欧洲的超级市场连锁集团的费用。我得出的结论是我们的资金回报率可达 30%。因而我建议公司可以开辟这个市场。"

[思考]

市场营销副经理都做了哪些市场营销工作？结合市场营销定义分析该案例的出发点、手段和企业目标都实现了吗？

第一节 市　　场

一、市场的概念

1. 狭义的概念。市场是商品交换的场所。这是传统的市场概念，强调市场的特定空间，只有在这特定的空间中，人们进行着商品的交换活动，才形成市场，即有形市场。在这种市场上，商品价格是公开标明的，买卖双方在固定的场所进行交易，如集贸市场、超级市场等。

2. 广义的概念。广义的市场是指商品流通的领域，是交换关系的总和。这是从政治经济学角度理解的概念。任何一个商品生产经营者的买卖活动都会与其他商品生产经营者的买卖活动发生联系，市场是商品经营者、中间商、消费者交换关系的总和。这种意义上的市场范围广阔，除了有形市场，还包括无形市场，如劳动力市场、房地产市场、金融市场等。

3. 营销市场。市场是由人口、购买力和购买欲望有机组成的总和，这可用公式表示：市场 = 人口 + 购买力 + 购买欲望。这是从营销学角度理解和分析的概念。

课堂讨论： 市场三要素的内容是什么？中国、日本、韩国，哪一个国家的市场大？

二、市场的分类

1. 根据市场范围划分：
- 区域市场。商品在地区范围内流通形成区域市场。
- 国内市场。
- 国际市场。

2. 根据市场客体划分：
- 商品经济的初级阶段：生产资料市场和生活资料市场。
- 商品经济发展的第二阶段：劳动力市场、房地产市场、货币市场、资本市场。
- 商品经济发展的第三阶段：技术市场和信息市场。

3. 根据市场状况划分：
- 卖方市场：商品供不应求，卖方把持市场主动权。
- 买方市场：商品供过于求，买方具有市场主动权。

4. 根据竞争程度划分：
- 完全竞争市场。是指一个行业中有非常多的独立生产者，它们以相同的方式向市场提供同类的标准化的产品的市场。
- 完全垄断市场。是指一个行业只有一家企业，或一种产品只有一个销售者或生产者，没有或基本没有别的替代者的市场。
- 寡头垄断市场。是指一种产品有大量消费者或用户的情况下，由少数几家大企业控制了绝大部分生产量和销售量，剩下的一小部分则由众多小企业去经营的市场。

● 不完全垄断市场。是指一个行业中有许多企业生产和销售同一种产品，每一个企业的产量或销售量只占总需求量的一小部分的市场。

5. 根据商品流通环节划分：

● 批发市场。将商品卖给最终消费者以外的任何购买者的交易活动的市场。

● 零售市场。将商品直接卖给最终消费者的交易活动的市场。

6. 根据市场交换方式划分：

● 易货交易市场。是指以货易货的市场。

● 现货交易市场。是指立即进行交割的市场。

● 期货交易市场。是指在未来指定时间进行交割的市场。

7. 根据市场出现的先后划分：

● 现实市场。是指对企业经营的商品有需要，有支付能力，又有购买动机的现实顾客的市场。

● 潜在市场。是指有可能转化为现实市场的市场。潜在市场可分为三类：(1) 对某种产品有购买动机但没足够支付能力的人或组织机构（有动机，没能力）；(2) 对某种产品有支付能力但没有形成购买动机的人或组织机构（有能力，没动机）；(3) 对某种产品具有潜在需要的人或组织机构（有能力，有动机，但自己还没意识到）。

● 未来市场。是指暂时尚未形成或只处于萌芽状态，但在一定条件下必将形成并发展成为现实市场的市场。

课堂练习：

从政治经济学角度看，市场是（　　）。

A. 购买场所　B. 交换关系的总和　C. 需求　D. 超市

三、市场的特征

（一）市场的基本特征

1. 开放性。市场经济体制下的市场是充分开放的，即向所有商品生产者、经营者和购买者开放，向各种产权形式的企业开放，向全部社会资源要素开放，向各个行业、地区和国家开放。任何性质、规模和形式的企业，都可以自由参与市场活动。

2. 多元性。现代市场是一个多元化的完备体系，交换的商品种类众多，参与市场活动的主体、交易方式、交易手段也是多元的，多元化的特征使得现代市场呈现出高度的复杂性和多变性。

3. 自主性。市场经济活动的主体是企业，企业作为独立的利益主体，拥有法定的自主权利，包括有权根据市场需求自主决定投资方向和生产经营活动，自主调整产品结构和经济结构，自主设置内部管理机构，自主决定利益分配方式。这些都充分表明市场活动的高度自主性。

4. 竞争性。市场运行的基本原则是平等进入、公平竞争。所有市场参与者在进入市场和从事交易活动时，机会和地位都是均等的，没有依仗权力或其他非经济因素形成的等级差别。在平等参与的基础上，各个经济主体靠自己的经济实力开展全面竞争，通过公平竞争实现优胜劣汰，所以说完整意义的市场是充满竞争的市场。

（二）现代市场的时代性特征

1. 市场高级化。所谓市场高级化，指市场要素和交易方式不断由低级向高级演化。随着科学技术的发展、产业结构的高级化，人们的消费需求也将发生根本的变化，产业革命促进了市场的高级化，同时也提高了消费层次。这是时代赋予市场的新特征。

2. 市场个性化。所谓市场个性化指市场越来越表现为市场主体的个性特征和差异化特征，包括不同消费者、商品经营者，以及各种不同的商品和服务，都日益突现出各自的特征。因此，现代市场营销必须面对这种个性化特征，采用相应的营销策略。

3. 市场标准化。市场标准化是指产品和交易行为等日益规范和统一的过程，是为了维护市场交易活动的正常进行、建立市场秩序制定的市场标准，如产品责任标准、安全卫生标准、包装标准、识别标准、质量标准、交易方式标准、设计标准、服务标准等。市场日益标准化是现代市场发展的一个重要特征。

4. 市场绿化。市场绿化是指商品生产及其市场营销的无污染化、无害化、清洁化，包括清洁生产、清洁消费、清洁包装、清洁销售和运输。市场绿化是新经济时代的客观要求，是对工业经济时代经济发展模式的否定，人类进入了经济与社会可持续发展的新经济时代，市场营销必须根据这一现代市场特征，牢固地树立绿色营销思想，制定绿色市场营销的新战略，建立绿色品牌形象，引导绿色消费潮流。

5. 市场软化。市场软化是指有形产品的比例越来越小，市场日益表现为知识化和信息化，以及交易和产品的无形化。市场软化依然是新经济时代的一个基本特征，是随着科学技术的发展、生产力水平的提高，人们对商品的认识和要求发生了巨大的变化，尤其是人们更加注重商品的知识价值、美学价值、信息价值、服务价值等无形价值。这一现代市场特征对企业制定产品战略和营销策略具有十分重要的意义。

6. 市场全球化。市场全球化是指市场范围由国内向国际扩展，最后实现全球市场一体化的过程。随着科学技术的发展，国际分工日益深化，世界经济主体之间的经济联系日益紧密，世界市场的深度和广度得到空前的发展，现代化的交通、通信、信息把世界市场的参与者紧密地联系在一起。

第二节　市 场 营 销

一、市场营销的含义

市场营销是企业以顾客需要为出发点，综合运用各种战略与策略，把商品和服务整体地销售给顾客，尽可能满足顾客需求，并最终实现企业自身目标的经营活动。

从以上含义可以清楚地看到市场营销的三个要点：

1. 出发点：顾客需要。
2. 方式和手段：各种营销战略与策略。
3. 最终目标：满足顾客需求和实现自身目标。

课堂讨论：营销是不是推销？

二、市场营销的核心概念

市场营销涉及其出发点，即满足顾客需求，还涉及以何种产品来满足顾客需求，如何才能满足顾客需求，即通过交换方式，产品在何时、何处交换，谁实现产品与顾客的连接。可见，市场营销的核心概念应当包含需求及相关的欲望、需要，产品及相关的效用、价值和满足，交换及相关的交易和关系，市场、市场营销及市场营销者。

（一）需求及相关的欲望和需要

1. 需要（Needs）。指顾客生理及心理的需要，如人们为了生存，需要食物、衣服、房屋等生理需要及安全、归属感、尊重和自我实现等心理需要，这是人类与生俱来的。市场营销者可用不同方式去满足它，但不能凭空创造，而只能适应它。

2. 欲望（Wants）。欲望是需要的派生，是人们对一种特定物品的渴求。不同背景下的顾客欲望不同，比如中国人需要的食物是大米饭，法国人需要的食物是面包。人的欲望受社会因素及机构因素诸如职业、团体、家庭、宗教等影响。因而，欲望会随着社会条件的变化而变化。市场营销者虽不能创造需要，但可以创造欲望，激发欲望，如建议顾客购买某种产品。

3. 需求（Demand）。指有支付能力和愿意购买某种物品的欲望。可见，顾客的欲望在有购买力作后盾时就变成为需求。许多人想购买奥迪牌轿车，但只有具备支付能力的人才能购买。因此，市场营销者不仅要了解有多少顾客需要其产品，还要了解他们是否有能力购买。

（二）产品及相关的效用和价值的满足

1. 产品（Product）。是指用来满足顾客需求和欲望的物体。产品包括有形与无形的、可触摸与不可触摸的。有形产品是为顾客提供服务的载体。无形产品或服务是通过其他载体，诸如人、地、活动、组织和观念等来提供的。当我们感到疲劳时，可以到音乐厅欣赏歌星唱歌（人），可以到公园去游玩（地），可以到室外散步（活动），可以参加俱乐部活动（组织），或者接受一种新的意识（观念）。服务也可以通过有形物体和其他载体来传递。市场营销者切记销售产品是为了满足顾客需求，如果只注意产品而忽视顾客需求，就会产生“市场营销近视症”。

2. 效用、价值和满足（Utility，Value，Satisfaction）。顾客选择所需的产品，主要是根据对满足其需要的每种产品的效用进行估价而决定的。效用是顾客对满足其需要的产品的全部效能的估价。产品全部效能（或理想产品）的标准如何确定？例如，某顾客到某地去的交通工具，可以是自行车、汽车、火车、飞机等，这些可供选择的产品构成了产品的选择组合。又假设某顾客要求满足不同的需求，即速度、安全、舒适及节约成本，这些构成了其需求组合。这样，每种产品有不同能力来满足其不同需要，如自行车省钱，但速度慢，欠安全；飞机速度快，但成本高。顾客要敲定一项最能满足其需要的产品。

为此，将最能满足其需求到最不能满足其需求的产品进行排列，从中选择出最接近理想的产品。它对顾客效用最大，如顾客到某目的地所选择理想产品的标准是安全、速度，他可能会选择火车。

顾客选择所需的产品除效用因素外，产品价格高低亦是因素之一。如果顾客追求效用最大化，他就不会简单地只看产品表面价格的高低，而会看每一元钱能产生的最大效用，如一部好汽车价格比自行车昂贵，但由于速度快、修理费少、相对于自行车更安全，其效用可能大，从而更能满足顾客需求。

（三）交换、交易和关系

1. 交换（Exchange）。人们有了需求和欲望，企业亦将产品生产出来，还不能解释为市场营销，产品只有通过交换才使市场营销产生。人们通过自给自足或自我生产方式，或通过偷抢方式，或通过乞求方式获得产品都不是市场营销，只有通过等价交换，买卖双方彼此获得所需的产品，才产生市场营销。可见，交换是市场营销的核心概念。

2. 交易（Transactions）。交换是一个过程，而不是一种事件。如果双方正在洽谈并逐渐达成协议，称为在交换中。如果双方通过谈判并达成协议，交易便发生。交易是交换的基本组成部分。交易是指买卖双方价值的交换，它是以货币为媒介的，而交换不一定以货币为媒介，它可以是物物交换。

交易涉及几个方面，即两件有价值的物品，双方同意的条件、时间、地点，还有用来维护和迫使交易双方执行承诺的法律制度。

3. 关系（Relationships）。交易营销是关系营销大观念中的一部分。精明能干的市场营销者都会重视同顾客、供应商、分销商等建立长期、信任和互利的关系。而这些关系要靠不断承诺及为对方提供高质量产品、良好服务及公平价格来实现，靠双方加强经济、技术及社会联系来实现。关系营销可以减少交易费用和时间，最好的交易是使协商成为惯例化。

处理好企业同顾客关系的最终结果是建立起市场营销网络。市场营销网络是由企业同市场营销中介建立起的牢固的业务关系。

（四）市场、市场营销及市场营销者

1. 市场（Markets）。市场由一切有特定需求或欲望并且愿意和可能从事交换来使需求和欲望得到满足的潜在顾客所组成。一般来说，市场是买卖双方进行交换的场所。但从市场营销学角度看，卖方组成行业，买方组成市场。行业和市场构成了简单的市场营销系统。买方和卖方由四种流程所联结，卖者将货物、服务和信息传递到市场，然后收回货币及信息。现代市场经济中的市场是由诸多种类的市场及多种流程联结而成的。生产商到资源市场购买资源（包括劳动力、资本及原材料），转换成商品和服务之后卖给中间商，再由中间商出售给顾客。顾客则到资源市场上出售劳动力而获取货币来购买产品和服务。政府向这些市场主体征税及提供服务。因此，整个国家的经济及世界经济都是由交换过程所联结而形成的复杂的相互影响的各类市场所组成的。

2. 市场营销（Marketing）及市场营销者（Marketers）。市场营销是指与市场有关的人类活动，亦即为满足顾客需求和欲望而利用市场来实现潜在交换的活动。市场营销者则是从事市场营销活动的人。市场营销者既可以是卖方，也可以是买方。作为卖方，他力图在市场上推销自己，以获取买者的青睐，这样卖方就是在进行市场营销。当买卖双方都在积极寻求交

换时，他们都可称为“市场营销者”，并称这种营销为“互惠的市场营销”。

三、市场营销的新发展

（一）直复营销

直复营销是一种互动的营销系统，它使用一种或多种广告媒体，以实现在任何地方产生可度量的回应和达成交易之目的。它是一种相互作用的市场营销体系，其基本精神是“广告信息的双向交流”，通过双向交流，将营销者与目标顾客联成一个有机整体，使二者相互作用，提高影响效率。它为每个顾客提供向营销者回复反应信息的工具，如免费电话、免费传真、贴好邮票的信封、购物优惠券等，为目标顾客及其信息反馈提供方便。

（二）关系营销

关系营销是把企业的营销活动看成是企业与顾客、供应商、分销商、竞争者、政府机构及其他公众发生互动的过程，企业营销活动的核心是建立并发展与这些公众的良好关系。无论在哪一个市场上（包括全球市场上），关系无处不在，有的甚至成为企业市场营销活动成败的关键，因而关系营销日益受到普遍的关注和重视。

（三）文化营销

文化营销是指旨在赋予商品和企业更浓厚的文化内涵，以满足顾客对商品文化价值需求的营销方式。文化营销包括三个层次：产品文化营销、品牌文化营销和企业文化营销。文化营销的核心就在于寻求为顾客所接受的价值信条作为立业之本，从而促进顾客对整个企业包括其产品的认同。文化营销是有意识地构建核心价值概念的营销活动。许多顾客越来越在消费行为中追求文化价值取向，因而企业必须增加营销的文化价值内涵以期与顾客形成共鸣，达到促销的目的。

（四）整合营销

整合营销是一种通过各种营销工具和手段的系统化结合，根据环境进行及时性动态修正，以使交换双方在交互中实现价值增值的营销理论和营销方法，它突破了传统营销理念的框架，要求公司的所有活动都必须整合和协调起来，为发挥工作动力和团队精神奠定基础，使公司沿着计划的道路向希望目标前进。

（五）绿色营销

绿色营销是指个体或企业在顾客利益、环保利益和自身利益有机统一的基础上，制造和发现市场机遇，并采取相应的市场营销方式以满足顾客需求并从中获得利益和发展的过程。绿色营销具有全球性，已成为 21 世纪营销的主流之一。

（六）网络营销

网络营销是企业整体营销战略的一个组成部分，是为实现企业总体经营目标所进行的，以互联网为基本手段营造网上经营环境的各种活动。网络营销的职能包括网站推广、网络品牌、信息发布、在线调研、顾客关系、顾客服务、销售渠道、销售促进八个方面。

小资料

当当网上书店成立于 1999 年 11 月，是全球最大的中文网上书店。当当网上书店面向全世界中文读者提供 20 多万种中文图书及超过 1 万种的音像商品，每天为成千上万的网上消费者提供方便、快捷的服务，给网上购物者带来极大的方便和实惠。

（七）基准营销

基准营销是在20世纪80年代后期发展起来的一种新型的营销管理方法。基准化（Bench marketing）是一种连续起作用的自我完善的管理过程。它对企业内部的行动、职能、经营等各方面进行全面的分析研究，并把本企业的情况与优秀企业的情况作比较分析，从而确定一套管理和营销的基准，并以此来指导企业的发展。如今，基准化正在被世界上越来越多的企业所采用，它在帮助企业确定管理和营销基准的实践中取得了显著的效果。许多西方大企业通过基准化追求“更好”，从而确立和保持着相对更长久的竞争优势。

课后练习

一、单项选择题

1. 市场营销的核心是（　　）。
A. 生产　B. 分配　C. 交换　D. 促销
2. 企业最显著、最独特的首要核心功能是（　　）。
A. 市场营销　B. 生产功能　C. 财务功能　D. 推销功能
3. 从营销理论的角度而言，企业市场营销的最终目标是（　　）。
A. 以消费者为中心　B. 获取利润
C. 求得生存和发展　D. 把商品推销给消费者
4. 与消费者建立长期合作关系是（　　）的核心内容。
A. 关系营销　B. 绿色营销　C. 公共关系　D. 相互市场营销
5. 消费者未能得到满足的感受状态称为（　　）。
A. 欲望　B. 需要　C. 需求　D. 愿望
6. 从广义的角度，市场就是（　　）。
A. 买卖的场所　B. 商品交换关系的总和
C. 交换过程本身　D. 具有购买欲望和支付能力的消费者
7. 市场 = 人口 +（　　）+ 购买欲望。
A. 购买力　B. 购买时间　C. 购买倾向　D. 购买方式
8. 市场营销学的研究对象是（　　）。
A. 企业的外部环境　B. 企业的战略策略
C. 企业的内部环境　D. 企业的市场营销活动及其发展规律
9. 通过提供某种东西作为回报，获取需要的产品的方式是（　　）。
A. 交易　B. 交换　C. 中介　D. 流通
10. 人想到某些基本需要的具体满足物时的愿望是（　　）。
A. 欲望　B. 需要　C. 需求　D. 愿望

二、多项选择题

1. 现代市场的特征有（　　　）。

A. 高级化　B. 软化　C. 绿化　D. 全球化

E. 标准化

2. 市场是具有特定需要或欲望，而且愿意并能够通过交换来满足这种需要或欲望的全部消费者，由（　　）等要素构成。

A. 购买欲望　B. 购买场所　C. 购买力　D. 人口

E. 购买方式

3. 营销新理论包括（　　）。

A. 网络营销　B. 文化营销　C. 整合营销　D. 基准营销

E. 关系营销

三、判断题

1. 市场营销就是企业的销售活动。（　　）
2. 市场交易中交易双方都被称为市场营销者。（　　）
3. 需要是指人们生理上、精神上或社会活动中所产生的一种具有明确指向性的满足欲。（　　）
4. 在组成市场的双方中，买方的需求是决定性的。（　　）
5. 市场营销的最终目标是企业获取利润。（　　）
6. 消费者之所以购买商品，根本目的在于获得并拥有产品本身。（　　）

四、简答题

1. 现实市场的形成需要具备哪些条件？
2. 现代市场具有哪些特征？

五、案例分析

案例一：高露洁在印度农村营销牙膏

印度是一个人口大国，农村人口占总人口的2/3。生活在农村的许多人还未能过上基本的舒适生活。在农村约有3/4的人还在用树枝等烧火做饭，仅有约40%的人能用上电，不到20%的人能用上自来水，绝大多数人买不起也用不起电冰箱，在甘蔗地里工作一天的农民只能挣到大约1美元。

高露洁的营销经理明白，尽管他们没有多少钱，但却有6亿多人。他们是牙膏、洗发水等日用品重要的潜在市场。但是，许多印度农民从未用过管装牙膏，他们通常用木炭粉和当地一种植物的叶梗作为清洁牙齿的代用品。显然，高露洁不可能靠美式广告或通过当地药店销售牙膏。半数的农村人口不识字，有电视机的人很少。他们很少去商店，男人们每周去一趟集市，买回自己无法生产的生活必需品。

尽管存在着许多挑战，但是从1990年以来，高露洁的销售额增长了一倍。现在印度农村每年购买17 000多吨的牙膏。那么高露洁的诀窍是什么呢？

在农村赶集市的日子，高露洁将一辆装有发电机和录像机的大篷车开进村庄。富有吸引力的乐曲使赶集的人们聚集过来。大篷车先放一个半小时的娱乐录像，其中插播说明使用高露洁牙膏好处的宣传片。许多看过录像的人会试用牙膏。当然，他们并不想花掉一天的工资去买一管标准装的牙膏，为此，高露洁专门准备了一种仅卖6卢比（约18美分）30克装的小管牙膏。大篷车行动耗资巨大，但经理们十分清楚这些投资是为了长远的回报。

（资料来源：吴涛：《市场营销管理》，中国发展出版社2005年版，第11页。）

思考与分析：

1. 市场的三要素是什么？为什么说印度是个重要的潜在市场？
2. 高露洁如何把潜在市场转变为现实市场？

案例二：把梳子卖给和尚

某梳子制造商招聘营销人员，说："我要的是特殊的营销员，任务是把梳子卖给和尚。"最后剩下三人未走，梳商对三人交代："以10天为限，届时各自将销售成果报我。"10日到期。甲卖出1把：偶在下山途中见一小和尚晒太阳挠头皮，忙递上梳子，顿觉解痒，于是买了一把梳子。乙卖了10把：一座高山古寺山高风大，找到寺院主持，说应在每座庙的香案前放把梳子，供善男信女梳理鬓发。丙卖了1 000把：一座深山古寺，对主持说，凡来进香朝拜者都有一颗虔诚之心，宝刹应有所馈赠，保佑其平安吉祥，我有一"积善梳"可作赠品。主持大喜，买下千把"积善梳"留赠施主与香客。

思考与分析：

把梳子卖给和尚给你何种启示？请联系实际谈谈你的看法。

第2章

市场营销环境与营销观念

学习目标：☐ 掌握市场营销环境的分类、概念和特征
☐ 掌握市场微观、宏观营销环境的内容和分析方法
☐ 掌握市场营销环境分析方法和对策
☐ 理解市场营销环境与营销观念的关系
☐ 掌握各种市场营销观念的主要内容并且能灵活运用于企业的营销实践

美的全面顾客服务体系

1. 美的与顾客的接触面及其管理体系

美的同顾客在三类接触面上发生接触，要实现100%让顾客满意，须建立在营销接触面、产品接触面和服务接触面三类接触面上，对最终顾客的全面服务就是在这三类接触面上都做到顾客满意。所以，必须建立完整、系统的管理体系来保证所有这三类接触面上的服务都令顾客满意。

在实际工作中，这三个管理体系是融为一体的。质量成为营销、服务、产品开发和制造、采购、财务等企业所有工作的质量，顾客服务也是一样，涵盖了企业经营活动的所有方面，贯穿从营销到研发到生产、到售后服务等企业整个运作过程的始终。

2. 美的最终顾客服务流程

美的最终顾客服务流程表明：这七道工序中，每一道工序都是为后一道工序服务的，为后一道工序提供基本服务条件；而后一道工序则是前一道工序的检验员，并尽力弥补前一道工序造成的缺陷。任何一道工序的疏漏，都会造成最终顾客的不满意。

各服务项目对实现最终顾客满意目标的贡献：

（1）调查：了解顾客的真正兴趣，从一开始就确保所有工作不偏离方向，并使顾客感到被尊重。

（2）产品开发：产品功能上的满意。

（3）产品制造：产品质量上的满意。

（4）售前服务：让顾客方便地了解新产品和产品选购知识，确保选对产品，方便地购买产品。

（5）售中服务：快捷、有效地安装、包装等，省去顾客的担心、麻烦和等候时间。

（6）售后服务：快捷、有效地维修，使顾客购买产品后无后顾之忧。

（7）老顾客回访调查及各种顾客服务活动：使顾客感到受重视、受关怀。

[思考]

美的公司所持的是哪一种营销观念？

第一节　市场营销环境概述

一、市场营销环境的概念

市场营销环境是企业营销成败有着较大影响力的各种内、外部因素的总和或集合。

任何一个企业都必须在不断变化的市场营销环境中运行，企业的营销活动总会受到周围环境的制约和影响。环境的变化，可能给企业带来某种市场营销机会，也可能给企业带来某种市场环境威胁。

二、市场营销环境的特征

1. 客观性。市场营销环境是不以营销者意志为转移的因素，对企业营销活动的影响具有强制性和不可控制的特点。比如，企业不能改变人口因素、政治法律因素、社会文化因素、自然资源因素等，但企业可以去适应它，并不断调整市场营销策略。因此企业要善于适应环境的变化，适者生存，不适者淘汰。

2. 差异性。不同的国家或地区之间，宏观环境存在着广泛的差异性，不同的企业，微观环境也千差万别。因此企业为适应不同营销环境，必须采用不同特点和针对性的营销策略。

3. 多变性。市场营销环境是一个动态的系统。影响营销环境的诸因素又受众多因素的影响，每一环境因素都随着社会经济的发展而不断变化。营销环境的变化，可能给企业带来机会，也可能给企业带来营销威胁，因此企业要关注和研究不断变化的环境及时调整营销策略，努力寻找市场营销环境机会，避开市场营销环境威胁。

4. 相关性。市场营销环境各种因素之间相互影响，相互制约，其中某一因素的变化会影响其他因素，形成新的市场营销环境。

三、市场营销环境的分类

1. 按影响范围的大小可分为微观营销环境和宏观营销环境。微观营销环境是指与企业紧密相连，直接影响企业营销能力的各种参与者，包括企业内部、营销中介、顾客、竞争者、供应者以及社会公众。宏观营销环境是指影响微观营销环境的一系列巨大的社会力量，包括人口、经济、社会文化、政治法律、科学技术及自然生态等因素。

2. 按控制的难易程度可分为可控环境因素和不可控环境因素。如企业的微观环境具有可控性，宏观环境具有不可控性。

3. 按环境的性质可分为自然环境和文化环境。

4. 按其对企业营销活动影响时间的长短可分为长期环境和短期环境。

本书主要研究微观营销环境和宏观营销环境的分析方法和基本策略。

课堂讨论：目前人们的环境保护意识不断增强，你认为应该生产哪些绿色产品？（环境机会与威胁分析）

第二节　微观营销环境

微观营销环境对于企业市场营销活动的影响，主要体现在企业与外界的业务往来中。如企业分析竞争者时，应着重分析竞争者的数目、规模和市场占有率，竞争者对竞争产品的依赖程度，竞争者的营销策略等。企业微观营销环境的主要影响因素如图 2－1 所示。

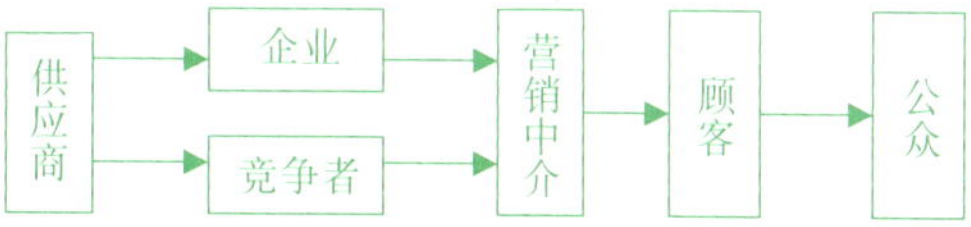

图 2－1　微观营销环境中的主要影响因素

一、企业内部

从市场营销角度看，企业由最高管理层、市场营销管埋部门和其他职能部门构成。企业为了实现营销目标，要使企业人力、物力、财力等资源最佳配合，并不断满足消费者需求取得市场营销的成功。因此市场营销职能部门要与其他职能部门（财务、采购、制造、研究与开发等）密切协作、共同制订发展计划，还要考虑最高管理层制定的企业任务、目标、战略和政策，在高层管理部门规定的职责范围内作出营销决策，并报最高管理层批准执行。

二、营销中介

营销中介是指协助企业促销、分销其产品给最终购买者的机构和公司，包括中间商、物流公司（后勤服务公司）、营销服务机构（广告、咨询）和财务中介机构（金融机构）。

（一）中间商

中间商包括：

1. 商人中间商。商人中间商是从事商品购销活动，并对所经营的商品拥有所有权的批发商、零售商等。

2. 代理中间商。代理中间商是专门介绍客户或协助商订合同并取得佣金但不取得商品所有权的中间商。

中间商在企业的营销活动中起着十分重要的作用，它帮助企业寻找顾客并直接与顾客进行交易，从而完成产品从生产者向顾客的转移。除非企业建立自己的销售渠道（自销），否则中间商的销售效率及任何变动对产品从生产领域流向消费领域都会产生非常巨大的作用。因此，企业应保持与中间商的良好关系，互利互惠，真诚协作。协作目的就是把中间商的活动纳入企业整体营销活动体系中，也是企业营销渠道的主要内容。

（二）物流公司

物流公司是协助企业储存产品并把货物运送至目的地的实体分配公司，包括：

1. 仓储公司。对企业来说，仓储公司提供的服务是必不可少的，它可以为已经生产出来的产品，也可以为原材料及零部件，还可以为其他业务提供服务。

2. 运输公司。运输涉及公路、铁路、水运和空运，它将影响产品的价格、准时到货的执行和运输损耗等情况。因此企业主要通过权衡成本、速度效率和安全等因素来选择成本效益最佳的物流公司。

企业选择物流公司的标准是最快的速度、最安全和最低的成本等。

（三）营销服务机构

营销服务机构是协助企业推出并促销其产品到恰当市场的机构，包括各种市场营销研究机构、营销咨询公司和广告公司等。这些机构提供的专业服务也是企业营销过程中必不可少的。有的大企业能够自己承担这些机构的业务。

（四）金融机构

金融机构包括银行、信用公司、保险公司、其他协助融资或保障货物的购买与承担销售风险的公司。这些机构主要为企业的营销活动提供资金、保险等业务。

三、顾客

顾客是企业服务的对象，企业的营销活动以满足顾客的需求为中心。顾客是企业最重要的环境因素。顾客需要是影响组织营销活动最重要的因素，是营销活动的出发点和归宿点。顾客的范围十分广泛，顾客市场按购买者的特点可分为如下五类：

1. 消费者市场。是指个人或家庭为了生活需要而购买或租用商品和劳务的市场。

2. 生产者市场。是指生产者为进行再生产（生产消费）而购买商品或劳务的市场。

3. 转卖者市场。是指批发商、零售商等中间商为了转卖获取利润而购买商品的市场。

4. 政府市场。是指政府和非营利机构为了提供公共服务（为了公共消费）而购买公用消费品的市场。

5. 国际市场。是指由国外的消费者、生产者、转卖者、政府机构等组成的市场。

四、竞争者

竞争者是指向企业所服务的市场提供相同或类似产品，并对企业构成威胁的企业或个人。企业必须准确地分析、深入地了解竞争对手，做到“知己知彼”，才能获得竞争优势。从消费者需求角度分，竞争者主要有四类：

1. 愿望竞争者。是指提供不同产品以满足消费者各种目前愿望的竞争者，如消费者犹豫于先买车还是先买房，汽车的制造商和房地产商就构成相互的愿望竞争者。

2. 平行竞争者。是指提供能够满足同一需求的不同产品的竞争者，如买轿车还是买摩托车或是自行车，这三种产品的生产经营商也就互相成为各自的平行竞争者。

3. 产品形式竞争者。是指生产同种产品，但提供不同规格、型号、款式的竞争者。如买轿车是买豪华型还是普通型，豪华型轿车和普通型轿车的生产经营商就成了产品形式竞争者。

4. 品牌竞争者。是指产品相同，规格、型号也相同，但品牌不同的竞争者。如奔驰轿车和奥迪轿车。

课堂讨论：麦当劳和肯德基为什么总是邻居？

五、供应者

供应者是向企业及竞争对手供应各种所需资源的企业和个人（包括提供原材料、设备、能源、劳务和资金等的企业和个人）。要如何选择供应者呢？营销人员必须对供应商的情况有比较全面的了解和透彻的分析——供应商既是商务谈判的对手更是合作伙伴。对供应商选择的考虑因素是：首先，供应商的资质情况；其次，供应要素的规格；再其次，产品质量、信贷条件、担保和成本的组合条件，还有售前售后服务。

因此企业必须与供应商建立良好的合作关系，及时了解供应商的变化和动态。

六、公众

公众是对企业实现其市场营销目标构成实际或潜在影响的团体。企业公众主要有七种类型：

1. 政府公众，是指与企业营销活动有关的政府机构，如行业主管部门、工商、税务和商检等部门。

2. 金融公众，是指影响企业融资能力的任何团体，如银行、投资公司、财务公司、证券公司等。

3. 媒介公众，主要是指那些具有广泛影响的大众媒体，如报纸、杂志、广播、电视、互联网等，这些团体对企业的声誉起着举足轻重的作用。

4. 群众团体，是指消费者组织、环境保护组织及其他群众团体。

5. 当地公众，是指企业所在地附近的居民和社区组织。

6. 一般公众，是指社会民众和消费者。

7. 内部公众，是指企业内部的全体员工。

第三节　企业的宏观营销环境

企业的宏观营销环境是指间接影响和制约企业营销活动，形成企业的市场机会和威胁的主要社会力量，包括人口环境、经济环境、社会文化环境、政治法律环境、科学技术环境和自然环境等。

企业分析宏观营销环境的目的在于发现新的市场机会，避开市场威胁，不断制定和调整企业营销策略和战略，从而实现企业营销目标。

一、人口环境

营销市场 = 人口 + 购买力 + 购买动机（欲望），人口是构成市场的最基本条件。人口的多少不仅直接决定市场的潜在容量，而且人口的地理分布、年龄结构、性别结构和家庭结构等对市场需求存在巨大的影响，因此企业必须重视研究人口环境，抓住营销机会，避开营销威胁。

（一）人口数量

在其他经济和心理条件不变的情况下，总人口越多，市场容量就越大，企业的机会也就越多。但人口数量增长过快，经济收入水平跟不上，可能会给企业带来营销威胁，一方面人均自然资源占有量下降，淡水、耕地、森林、能源等问题尤为突出，给需要这些资源的企业带来营销压力。另一方面，国家为了稳定就业，出现“在岗失业”，增加企业成本给企业带来压力；还会出现社会治安混乱等一系列社会问题，也给企业营销带来环境威胁。

（二）人口结构

人口结构主要包括人口的年龄结构、性别结构、家庭结构、社会结构和民族结构。

1. 年龄结构，分幼儿、儿童、少年、青年、中年和老年。不同年龄的消费者对商品的需求不一样，幼儿和儿童的市场需求主要有玩具、图书、奶粉等，青少年市场的需求主要包括服装、食品、音响设备、汽车、家庭旅游、大学教育等，老年人用品市场则主要涉及药品、保健食品、老年文娱活动、休闲旅游等。

2. 性别结构，分男性、女性。市场上出现男性商品专卖和女性商品专卖。

3. 家庭结构。家庭规模小型化趋势，户均人数减少，家庭数量不断增加，这必然引起以家庭为单位的商品需求增加，如家具、厨房用品、家用电器和住房等需求迅速增加。

4. 社会结构。我国农村人口约占总人口的 70%，农民收入不断增加，农村市场仍是市场开拓的重点。尤其是一些中小企业，要注重开发物美价廉的产品满足农村市场需求，赢得营销机会。

5. 民族结构。我国有 56 个民族，各民族有着自己独特的需求、生活习惯和购买行为，所以企业要注意民族市场的营销，开发适合各民族特点的产品，赢得民族市场机会。

（三）人口地理分布

人口地理分布实质上是指人口在不同地区的密集程度。在我国，人口的地理分布是非常不均匀的。从黑龙江省的瑷珲到云南的腾冲画一条线，该线的西北约占全国总面积的 64%，但人口却只占了全国总人口的 4%；而该线的东南，占全国总面积 36% 的土地上却生活了 96% 的人口。我国人口地理分布的一个突出现象是，农村人口向城市流动，内地人口向沿海经济开发地区流动。人口的城市化和区域性转移会引起社会消费结构的变化和消费水平的变化，一方面人口流入地区增加了市场信息需求量，给企业营销带来机会；另一方面使某些行业的市场竞争加剧。

二、经济环境

经济环境是指影响消费者购买能力和支出模式的因素，主要是指社会购买力，包括国民经济发展状况、消费者收入、储蓄和信贷的变化、消费结构的变化等。

（一）国民经济发展状况

经济发展阶段的高低直接影响企业的市场营销活动。如消费品市场，经济发展阶段高的国家或地区，强调产品的款式、性能和特色，品质竞争多于价格竞争；而经济发展水平较低的国家或地区，则更注重产品的基本功能和实用性，价格竞争仍是竞争的重要手段。

（二）消费者收入

消费者收入指标主要有个人总收入、个人可支配收入、个人可任意支配收入、货币收入和实际收入。

1. 个人总收入是指消费者从各种来源中获得的全部收入，即第一职业收入加其他收入总和，包括工资、奖金、津贴、助学金、退休金、红利、租金、赠与等。各地区居民收入总额可以用来衡量当地消费市场的容量，人均收入的多少反映了市场购买力水平的高低。

2. 个人可支配收入是个人总收入中减除税款（如所得税等）和其他经常性转移支出的非税款负担（如工会会费、户口管理费等）后所余下的实际收入，即能够作为个人消费或储蓄的数额，它构成消费者的实际购买力，是营销中的决定因素。

个人可支配收入 = 个人总收入 − 税款和非税款负担

3. 个人可任意支配收入是个人可支配收入扣除维持生活必需的支出（如房租、水电、衣着、吃饭等）后剩余的收入。它是影响消费需求变化的最活跃因素，也是营销中企业争夺最为激烈的部分。这部分收入越多，人们的消费水平就越高，可以购买高档物品、奢侈品、旅游等，企业营销的机会也就越多。

个人可任意支配收入 = 消费者实际收入 − 税款和非税款负担 − 生存费用

4. 货币收入（名义收入）。货币收入是指消费者在某一时期以货币表示的收入量，即消费者不考虑通货膨胀因素的收入。

5. 实际收入。实际收入是指扣除通货膨胀影响后的收入。

个人收入决定个人购买力，直接影响消费者支出行为模式，是影响社会购买力、市场规模和消费者支出行为的重要因素。

（三）储蓄和信贷的变化

消费者的购买力不仅受消费者收入的影响，还受储蓄和信贷的直接影响。

居民储蓄是指城乡居民将可任意支配收入储存待用。储存的形式包括银行存款、购买债券、购买股票、购买保险、不动产和其他财产等。较高储蓄率推迟现实的消费支出，购买力滞后。我国居民储蓄率相当高，国内市场潜量规模巨大。

消费者信贷是有一定支付能力的消费者向金融或商业机构融通资金的行为，主要有短期赊销、分期付款、信用卡信贷等。它是一种购买力的提前，影响提供信贷的商品销售量，如住宅、汽车及高档耐用消费品。

课堂讨论： 金融风暴会影响人们的信贷和储蓄观念吗？

（四）消费结构的变化

随着消费者收入的变化，支出模式与消费结构也发生相应的变化。

恩格尔定律指出，在一定条件下，当家庭收入增加时，用于购买食物的支出占家庭收入的比例将会下降，用于服装、交通、保健、教育、旅游等方面开支和储蓄占家庭收入的比例上升，用于住房、装修和家务经营的支出占家庭收入的比例大体不变。

恩格尔系数是根据恩格尔定律得出的比例数，是表示生活水平高低的一个指标。其计算公式如下：

恩格尔系数 =（食物支出 ÷ 家庭总支出）×100%

恩格尔系数越高，生活水平越低，反之生活水平越高。

该系数≥60%，意味着贫困；60% > 恩格尔系数≥50%，意味着温饱；50% > 恩格尔系数≥40%，意味着小康；40% > 恩格尔系数≥20%，意味着富裕；恩格尔系数 < 20%，意味着最富裕。我国目前的恩格尔系数为45%，属于小康社会。

三、社会文化环境

社会文化环境是指一个国家、地区或民族的传统文化，通常由文化教育、价值观念、审美、宗教信仰、消费习俗、行为方式、社会群体及其相互关系等内容构成，它是影响人们欲望和行为的重要因素。营销者必须全面了解社会文化环境，认真判断和分析消费者所处的社会文化环境，才能准确满足市场需求特点，更好地赢得市场机会。

四、政治法律环境

政治法律环境是指影响和约束企业营销活动的政治体制、政府方针和国家法律法规等因素。

政治法律环境对市场营销的影响主要有以下几个方面：

1. 国家或地区政局变动对市场营销活动的影响。战争、政变、暴乱、绑架、恐怖袭击、罢工等可能给企业营销活动带来损失和影响。

2. 有关方针政策对市场营销活动的影响。主要有能源政策、物价政策、财政政策等。比如，存款利率及贷款利率的调整会给企业营销活动带来很大影响，企业应及时调整营销组合策略和生产经营方向，更好地占领、转移和开拓新的市场，取得市场营销的成功。

3. 有关法律法规对企业市场营销活动的影响。法制越健全、法律体系越完善，对企业的经营发展越有利。否则企业的利益会容易受到损害。在市场经济下，法律对保护和促进商品经济的发展起着重要的作用，企业营销人员必须熟悉相关的法律法规，把握市场营销机会。

五、科技环境

科学技术是第一生产力，是社会生产力的新的最活跃的因素。新技术是“创造性的毁灭力量”，就是说一种新技术的应用可以为企业创造新产品，带来营销机会，也淘汰了传统产品，给企业带来营销威胁。如真空管→晶体管→大规模集成电路，复写纸→静电复印机，收音机→电视机，录音机→CD →VCD →DVD，每一项新技术的出现对企业来说都是机会，同时也是一种威胁。

科技环境对企业营销的影响是多方面的：

1. 科学技术的发明和应用造就一些新的行业、新的市场，为某些行业提供了创新的机会，也为某些行业带来了威胁。

2. 科学技术环境的发展和应用影响企业营销策略的制订。

3. 科学技术的进步使人们的生活方式、消费模式和消费结构发生深刻的变化。

4. 科学技术的发展有利于改善企业经营管理，提高营销效率。

六、自然环境

自然环境是指能够影响企业社会生产过程的各种自然因素，如水资源、森林资源、土地资源和矿产资源等。营销活动要受自然环境的影响，同时对自然环境的变化也负有责任。

自然资源对营销活动的主要影响：

1. 某些自然资源日益短缺，如水资源、煤炭资源、石油资源等。

2. 能源成本上升。

3. 环境污染日趋严重。如空气、水、土壤资源受化学污染等。

4. 许多国家政府对自然资源管理的干预日益加强。一些法律法规相继出台，这些干预虽然在局部上增加了企业的经营成本，影响到企业效益，但从社会利益和长远利益来看，利大于弊，而且这种政府压力对另一些企业来讲也许形成其赖以发展的机会。

面对自然环境这些威胁，企业营销战略中必须实行生态营销、绿色营销等，赢得更多市场机会。

第四节　市场营销环境分析

一、市场营销环境分析

市场营销环境分析是对给企业提供机会或造成威胁从而影响企业营销活动的环境进行分析，包括市场机会分析和环境威胁分析。

市场机会是指对企业营销活动富有吸引力即企业拥有竞争优势的领域。环境机会对于不同的企业，其市场机会和市场容量大小不一，由此带给企业的潜在利润就不一样，因此潜在的吸引力也就不同。

环境威胁是指环境中不利于企业营销活动的因素及发展趋势，对企业的市场地位构成威胁。如2008年爆发的金融危机，给全球多数国家的经济和贸易带来营销威胁。

二、市场营销环境分析方法与对策

（一）市场机会分析矩阵方法

市场机会分析主要考虑其潜在的吸引力（赢利能力）和成功的可能性（企业优势），其分析矩阵如图2－2所示。

在市场机会矩阵图中，横轴表示成功的可能性（企业优势），用成功概率值来表示。纵轴表示潜在的吸引力（赢利能力），用利润额表示。

在市场机会矩阵图的四个不同区域中，其潜在吸引力和成功的可能性是不同的，企业对策也不同。

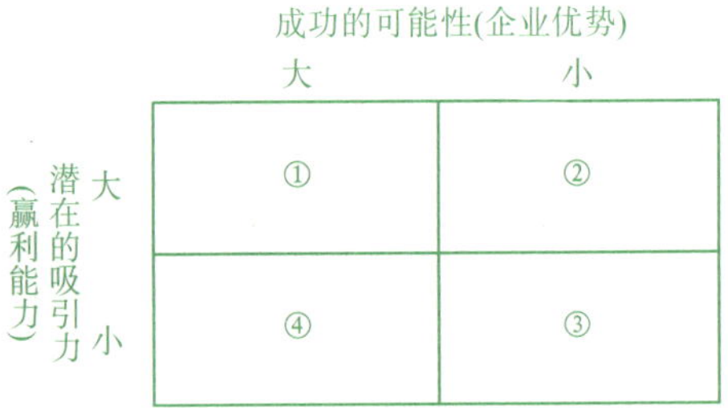

图2－2　市场机会矩阵图

1. 区域①：潜在的吸引力和成功的可能性都大，也是最好的营销环境机会。企业应把握战机全力发展。

2. 区域②：潜在吸引力大而成功可能性小的市场机会。企业应设法找出成功可能性小的原因（内部组织管理、技术水平、产品质量、人员素质等），然后设法扭转不利因素，使区域②逐步向区域①发展而成为有利的市场机会。

3. 区域③：潜在吸引力和成功可能性都小的市场机会。企业应改善自身条件，注视市场机会的发展变化，审慎而适时地开展营销活动。

4. 区域④：潜在吸引力小而成功可能性大的市场机会。该类市场机会的风险小获利能力也小。所以实力强的企业，往往是观察其变化趋势；实力较弱的中小企业应积极加以利用，因其产生的利润空间已足够企业生存与发展。

（二）环境威胁分析矩阵方法

环境威胁的分析主要考虑两个方面：一是分析威胁的潜在严重性（影响程度）；二是分析威胁出现的可能性（出现概率）。其分析矩阵如图2－3。

在市场机会矩阵图中，横轴表示出现威胁的可能性（概率），用概率值来表示，数值越大，表示出现威胁的可能性越大，反之越小。纵轴表示威胁潜在的严重性，用利润损失程度表示，数值越大，潜在的严重性越大，反之越小。

在威胁分析矩阵图的四个不同区域中，其潜在的严重性和出现威胁的可能性是不同的，企业对策也不同。

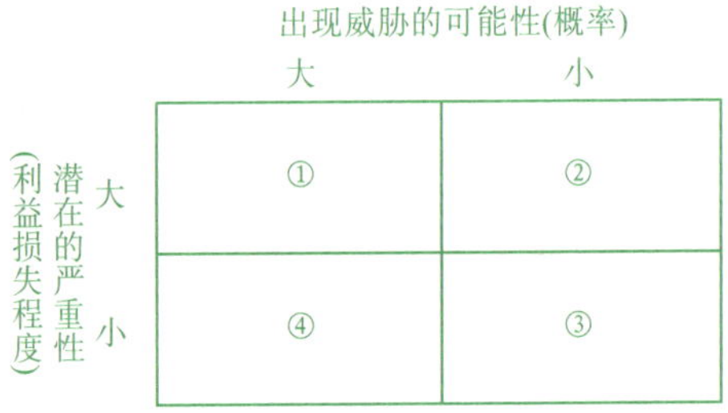

图2－3　威胁分析矩阵图

1. 区域①：潜在的严重性和出现威胁的可能性都大，一旦出现，将给企业造成极大的利益损失，企业应予以高度重视，制定相应对策。

2. 区域②：潜在的严重性大而出现威胁的可能性小，一旦出现，将给企业造成较大的利益损失，企业密切注意监视其出现与发展，不可以掉以轻心。

3. 区域③：潜在的严重性和出现威胁的可能性都小，一般不造成对企业的威胁，企业不必过于担心，但应注意其发展变化。

4. 区域④：潜在的严重性小而出现威胁的可能性大，虽然对企业造成的损失小但出现概率大，企业也必须充分重视。

（三）机会/威胁分析矩阵

如果将市场机会矩阵和环境威胁矩阵结合起来分析，得出机会/威胁分析矩阵图（见图 2－4）。

在机会/威胁分析矩阵图中，横轴表示威胁水平，纵轴表示机会水平，图中可能出现四种环境状况：

1. “冒险业务”：机会水平高，威胁水平也高，企业面临冒险环境。

2. “理想业务”：机会水平高，威胁水平低，企业面临理想环境。

3. “成熟业务”：机会水平低，威胁水平也低，企业面临成熟环境。

机会水平 \ 威胁水平	高	低
高	冒险业务	理想业务
低	困难业务	成熟业务

图 2－4　机会/威胁分析矩阵图

4. “困难业务”：机会水平低，威胁水平高，企业面临困难环境。

（四）企业市场营销对策

在环境分析与评价的基础上，企业对机会与威胁水平不同的各种营销业务，要分别采取不同的营销对策。

1. 在“理想业务”状态，企业应不失时机地将市场机会转变为企业机会，迅速行动生产出满足市场需求商品，否则将丧失战机，后悔莫及。

2. 在“冒险业务”状态，企业面对高利润与高风险，既不宜盲目冒进，也不应迟疑不决，坐失良机，应全面分析自身的优势与劣势，扬长避短，创造条件，争取突破性发展。

3. 在“成熟业务”状态，企业的机会水平和威胁水平都低，企业一方面可以维持正常的经营，另一方面要为开展理想业务和冒险业务准备必要的条件。

4. 在“困难业务”状态，企业要么努力适应环境，走出困境或减轻威胁，要么立即转移，摆脱困境。

第五节　营 销 观 念

一、营销观念的概念

营销观念是企业开展营销活动的指导思想，即企业在开展市场营销活动中，处理企业、消费者和社会之间利益关系的态度和思想。营销观念的核心问题是：在不同的市场环境下，以“什么”为中心来开展企业的生产经营活动。现代的营销观念包括两项重要内容：市场营销观念和社会营销观念。

二、市场营销观念

市场营销观念是一种以消费者需求为中心的营销观念，中心内容是“以消费者需求为中心”，强调企业的一切活动都围绕满足消费者的需求来进行，其经营思想表现为“消费者需要什么，企业就应该生产什么”。

20 世纪 50—70 年代，资本主义国家的社会生产力迅速发展，产品供过于求，竞争激烈，买方市场全面形成，同时消费者需求向多样化层次化发展。企业意识到必须以消费者需求为中心，才能求得生存和发展。

相关链接

- 顾客是本公司最重要的人，不论他们是亲临还是邮购。
- 不是顾客依靠我们，而是我们依靠顾客。
- 顾客不是我们工作的障碍，而是我们工作的目标。我们不是通过为他们服务而给他们恩惠，而是顾客因给了我们为其服务的机会而给了我们恩惠。
- 顾客不是我们争辩和斗智的对象。从未有人会取得同顾客争辩的胜利。
- 顾客是把他们的欲望带给我们的人。我们的工作是为其服务，使他们和我们都得益。

三、社会营销观念

社会营销观念统筹兼顾了企业利益、消费者利益和社会长远利益三者的平衡，是以“企业利益、消费者利益和社会利益三者结合为中心”的营销观念。

社会营销观念产生于 20 世纪 70 年代。消费者主义运动兴起，市场营销观念开始受到抨击。市场营销的发展，一方面给社会及广大消费者带来了利益，另一方面却造成环境污染、能源短缺，破坏了社会生态平衡。例如，消费者在使用汽车，获得快捷、舒适的同时，也被迫接受了汽车排出的废气和噪声的污染；清洁剂满足了人们的清洁要求，却污染了河流，不利于鱼类的生长。因此，企业必须认真审视先前的营销观念，并在节约能源、保护环境、控制人口等方面发挥作用。

社会营销观念是对市场营销观念的完善。它突破了生产—销售的领域，而对人类的社会活动及未来的发展给予关注。

现代市场营销观念是从现实消费者和潜在消费者需要出发，采用市场营销组合手段，促成消费者购买行为的发生，在满足消费者需要、增进社会公众福利的基础上，增加利润，求得企业的生存和发展。

相关链接

1983 年，国际消费者联盟组织确定每年的 3 月 15 日为“国际消费者权益日”。这是基于美国前总统约翰·肯尼迪于 1962 年 3 月 15 日在美国国会发表的《关于保护消费者利益的总统特别咨文》。其中首次提出了著名的消费者的“四项权利”，即有权获得安全保障，有权获得正确资料，有权自由决定选择，有权提出消费意见。肯尼迪提出的四项权利逐渐为世界各国消费者组织公认，并作为最基本的工作目标。

课后练习

一、单项选择题

1. 市场营销环境是不以营销者意志为转移的因素，这是市场营销环境（　　）。
A. 客观性　B. 差异性　C. 多变性　D. 相关性
2. （　　）主要是指那些广泛影响的大众媒体，它对企业的声誉起着举足轻重的作用。
A. 政府公众　B. 金融公众　C. 媒介公众　D. 内部公众
3. 下面正确的是（　　）。
A. 市场机会矩阵分析法两个指标是潜在的严重性和出现威胁的可能性
B. 环境威胁矩阵分析法两个指标是潜在的吸引力和成功的可能性
C. “理想业务”是机会水平高，但威胁水平低
D. “冒险业务”是机会水平高，但威胁水平低
4. 现代市场营销观念的中心是（　　）。
A. 推销产品　B. 满足需要，增进福利，增加利润
C. 制造质优价廉的产品　D. 大量生产产品并推销出去
5. 我国实行环保购物袋反映了经营者的（　　）。
A. 生产观念　B. 产品观念　C. 推销观念　D. 市场营销观念
E. 社会营销观念
6. 市场营销环境中的（　　）被称为一种“创造性的毁灭力量”。
A. 新技术　B. 自然资源　C. 社会文化　D. 政治法律
7. 提供能够满足同一需求的不同产品的竞争者是（　　）。
A. 愿望竞争者　B. 平行竞争者　C. 产品形式竞争者　D. 品牌竞争者

二、多项选择题

1. 市场营销环境的特征有（　　　）。
A. 客观性　B. 差异性　C. 多变性　D. 相关性
2. 下面是市场宏观环境的有（　　　）。
A. 人口环境　B. 经济环境　C. 自然环境　D. 社会文化环境
3. 下面是市场微观环境的有（　　　）。
A. 人口环境　B. 顾客　C. 企业内部　D. 供应者
4. 人口环境的变数有（　　　）。
A. 人口数量　B. 人口结构　C. 人口地理分布　D. 人口经济收入
5. 现代市场营销观念要求取得（　　　）三者之间的平衡与协调。
A. 企业利益　B. 消费者利益　C. 国家利益　D. 社会利益
6. 现代市场观念主要包括（　　　）。
A. 生产观念　B. 产品观念　C. 推销观念　D. 市场营销观念

E. 社会营销观念

7. 机会/威胁矩阵分析市场可能出现（　　）四种市场环境。

A. 理想业务　　B. 成熟业务　　C. 冒险业务　　D. 困难业务

8. 影响消费者支出模式的因素有（　　）。

A. 国民经济发展状况　　B. 消费者收入

C. 储蓄与信贷的变化　　D. 消费结构的变化

三、判断题（对的在括号内打“√”，错的在括号内打“×”）

1. 顾客是企业营销环境中最重要的因素。（　　）
2. 个人可支配收入是影响消费者需求变化的最活跃因素。（　　）
3. 目前消费者信贷越来越发达不利于市场营销的发展。（　　）
4. 恩格尔系数是衡量生活水平富裕程度的标准，恩格尔系数越低，生活水平越低；反之生活水平越高。（　　）
5. “货物出门概不负责”是一种产品观念。（　　）
6. 营销者分析市场营销环境目的是抓住市场机会避开市场威胁。（　　）
7. 企业面对“冒险业务”，应不失时机地将市场机会转变为企业机会，迅速行动生产出满足市场需求商品。（　　）
8. 绿色营销是社会营销观念。（　　）

四、简答题

1. 市场微观营销环境的内容有哪些？如何选择供应商？营销中介对企业营销活动的影响是什么？

2. 市场宏观营销环境的内容有哪些？试分析人口环境和经济环境对市场营销活动的影响。

3. 现代市场营销观念有哪些？各种观念以什么为中心？其经营思想是什么？

五、案例分析

1. 在世界零售业市场竞争日趋激烈的今天，家乐福在其国际化战略中注重本土化战略。如日本是个多地震的国家，那里的家乐福商场不仅天花板低，还由较轻的建筑材料做成；家乐福卖的菜都是事先包装好的，因为日本人不喜欢散装，也很少过秤。59%的马来西亚人信奉伊斯兰教，在每个马来西亚的家乐福超市里，专门设立了供穆斯林职员和顾客祈祷的地方。在泰国的家乐福超市里，人们会发现里面装满肥皂、牙膏和食品的小塑料桶，这是专门为那些施舍僧人的顾客准备的，他们常常购买这些商品做好事。在中国也会发现家乐福的营销注重中国国情。

思考与分析：

（1）家乐福在开拓国际市场时考虑了哪些环境因素？

（2）家乐福是如何适应营销环境取得营销成功的？

2. 某企业提出“为顾客创造价值、为员工创造机会、为社会创造效益”的经营思想，发扬“敬业、诚信、团结、创新”的企业精神，以“生产顾客最爱的产品、提供顾客最需要的服务、创建顾客最信赖的品牌”为竞争策略，不断进行经营变革和管理创新，增强企业的整体实力，力争成为顾客喜欢的世界级的中国企业。

思考与分析：

（1）上述企业的经营思想体现了哪种营销观念？

（2）请谈谈你对这种观念的认识？

第3章

市场需求与购买者行为分析

学习目标：
- ☐ 明确顾客价值理论及其内容
- ☐ 了解消费者需要的概念和特征
- ☐ 了解消费者市场的含义和特点
- ☐ 掌握消费者购买行为模式和购买决策过程
- ☐ 明确影响消费者购买行为的主要因素
- ☐ 了解组织市场的概念、类型及特点
- ☐ 掌握生产者市场的特点和购买行为

阿雯选车

作为普通上班族的阿雯看到周围的同事和朋友都不必挤公交，开着自己的私家车舒舒服服享受，也就忍不住动心了。她工作地点离家较远，加上交通拥挤，来回花在路上的时间要近三小时，她的购车动机越来越强烈。

她对车一无所知，但没有盲目地买，而是向驾校同学、驾校师傅、上司、邻居和亲朋好友等打听各种车的情况，通过上网、汽车杂志、专卖店销售员、询问4S店等途径了解各款车的排量、最大功率、最大扭矩、极速、市场参考价等数据。

经过一段时间的学习了解，阿雯已经对各车生产厂家及产品相当熟悉，缩小了的备选品牌范围，经过反复比较，阿雯开始锁定别克凯越和本田飞度。

[思考]

1. 阿雯为何要买车？如何决策？
2. 影响消费者购买行为的主要因素有哪些？

需要是购买过程的动因和起点。消费者正是在需要的基础上产生购买动机与购买行为。因此，有效地开展市场营销活动，必须掌握顾客价值理论，必须对消费者需要进而对其购买动机与购买行为进行分析。

第一节 顾客价值理论

一、顾客让渡价值

（一）顾客让渡价值的概念

菲利普·科特勒将顾客让渡价值定义为：顾客让渡价值是指总顾客价值与总顾客成本之差。总顾客价值是指购买某产品或服务中所获取的一组利益，包括产品价值、服务价值、人员价值和形象价值；总顾客成本是指顾客在评估、获得和使用该产品或服务时付出的全部代价，包括货币成本、时间成本、体力成本和精力成本（见图 3－1）。

顾客让渡价值可以用绝对数表示，也可以用相对数来表示。如果总顾客价值是 3 万元，总顾客成本是 1.5 万元，那么顾客让渡价值就是 1.5 万元（绝对差额）或者是 2.0（相对数）。当用相对数来比较商品时，通常被称为价值/价格比例。

顾客在购买商品时，很自然地会将总顾客价值与总顾客成本进行比较：当总顾客价值大于总顾客成本，即顾客让渡价值为正数时，有可能进行购买决策，实现购买行为；如果顾客让渡价值为负数时，则会放弃购买决策，很难发生购买行为。

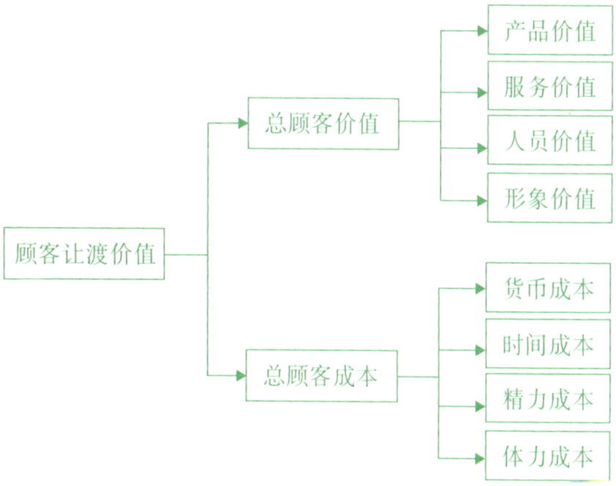

图 3－1 顾客让渡价值构成

相关链接

在今天这个快节奏的社会中，时间成本已经成为消费者消费过程中很重要的价值参与因素。如购物所耗费的时间、送货（上门）迟迟不到、复杂冗长的了解、购买过程中每一个步骤所要消耗的时间、购买手续等，这些多余或不重要的环节消耗了顾客大量的时间成本，如果可以优化这些环节，提高速度，就可以提高顾客满意度，增加销售。

（二）顾客让渡价值的意义

现代社会，顾客价值已被视为企业竞争优势的新来源，如何为顾客提供优越的顾客价值成为企业追求的新目标。菲利普·科特勒认为，营销并不是一味地推销已有的，而是要为客户创造价值。对消费者来说，他们看重的只是给自己带来的价值。

相关链接

满足顾客需要，创造顾客价值，是企业取得市场、得以成功的基石，为顾客创造价值才是根本。

企业在制定营销决策时，应根据不同顾客群的需求特点，主动地对自己的顾客让渡价值进行测算和评估，并与竞争者的顾客让渡价值进行比较，以调整总顾客价值和总顾客成本，增强企业竞争力，提高企业经济效益。

课堂练习：

有一位主妇准备购买一台微波炉，她面临这样的选择：一款她所喜欢的微波炉在附近的商店里有售，该商店负责送货但价格稍贵些；而距离较远的某大商场同款微波炉的价格比较便宜，且款式多、挑选的余地大，但是该商场不负责送货。这位主妇考虑再三，还是决定在附近的商店购买。

请用顾客让渡价值理论对此进行分析说明。

二、顾客满意理论

顾客对顾客价值的评价，在很大程度上取决于顾客对其获得利益的满意度。根据顾客让渡价值理论，企业营销者应着力创造顾客价值，而创造顾客价值的关键在于顾客满意。

（一）顾客满意的概念

顾客满意是指顾客对某产品或服务的感知效果或结果与其期望值相比较后所形成的感觉状态。如果感知效果低于期望，顾客就不会满意；如果感知效果与期望匹配，顾客就满意；如果感知效果超过期望，顾客就会高度满意或欣喜。

顾客满意不仅是对经济效益的满意，还包括购买消费品或服务过程中所获得社会性和精神性的满意。例如，取得巨大成功的联邦快递公司，因为它所保证的跨地区或跨国界的准确、快速投递，顾客们都愿意付出比一般平邮高出几十倍的快递费。而有趣的是大多数平邮信件都能在 24 小时内送达目的地，但没有绝对的保障。从中我们可以看出顾客还是比较欣赏优质、可靠的服务。

（二）如何创造顾客满意

顾客满意既是一种目标，一种市场营销手段，也是企业战胜竞争对手，获得长期成功的必要条件。

相关链接

在美国，本田雅阁几年来一直被 J. D. 鲍尔斯评为顾客满意率第一，而且这一结果的宣传又促进了雅阁的销售。

曼谷的东方旅馆饱受赞誉，因此它一直位于世界优秀旅馆之列。

印度尼西亚的桑巴蒂航空公司保证，他们的飞机每延误 1 分钟，将向顾客返还 1 000 印尼盾的现金。

新加坡奥迪公司承诺，如果顾客购买汽车 1 年后不满意，可以按原价退款。

在印度，6 家希尔顿酒店和亚太地区的其他 40 家希尔顿酒店通过签署希尔顿质量保证书作出承诺，如果酒店没有按预定条件提供住宿，或者没有按时供应饮食，或者没有配备音响设备以及这些设备没有按照合约规定的标准正常工作，顾客将得到经济上的补偿。

这些企业的做法为他们赢得了顾客。

企业创造和提高顾客满意的途径和办法主要有：

1. 了解顾客个性化需求，及时向顾客提供优质和良好的服务，通过提高顾客让渡价值提升顾客满意水平，这是赢得顾客满意的基本条件。

2. 及时向顾客提供需要的各种附加利益，使顾客利益最大化，加深顾客的信任度。

3. 加强顾客关系管理，建立企业与顾客之间双向的、畅通的、有效的信息交流通道，只要顾客需求得到满足，顾客的满意度必然能得到相应提高。

4. 做好顾客满意度调查与评价，改进企业营销策略。

相关链接

“顾客满意指标”主要包括以下项目：

□ 品质——功能、使用寿命、安全性、经济性等；
□ 设计——色彩、包装、造型、体积、质感等；
□ 数量——容量、供求平衡等；
□ 时间——及时性、随时性等；
□ 价格——心理价值、最低价位、最低价值比等；
□ 服务——全面性、适应性、配套性、态度等；
□ 品味——名牌感、身份感、个性化、多样化等。

第二节　消费者需要

人的行为都有一定动机，而动机又产生于人本身的内在需要，消费者行为也不例外。产生消费者行为最基本的内在原因是消费者需要，因此，市场营销活动应以消费者需要为出发点。

一、消费者需要的概念

消费者需要是指在一定的社会经济条件下，为了自身的生存与发展而对商品或服务的需求和欲望。消费者需要通常以对商品或服务的愿望、意向、兴趣、理想等形式表现出来。

二、消费者需要的特征

（一）层次性

消费者通常根据自己的生活环境、经济收入、兴趣爱好、社会地位、职业等条件，对各类消费资料的需要表现出有缓有急、有高有低、有先有后，呈现出层次性的特点。

马斯洛需要层次理论认为：消费者需要包括相互联系、由低级向高级依次发展的五个层次的内容。这五个层次是：

1. 生理需要。
2. 安全需要。
3. 社交需要。
4. 尊重需要。
5. 自我实现需要。

（二）伸缩性

消费者需要的伸缩性，表现为消费者对需要追求的高低层次、多寡项目和强弱程度。它是由多种因素决定的，如消费者的购买欲望、购买能力、销售服务、企业广告宣传等，这些因素的变化都会引起消费需要的变化。消费者需要的伸缩性，在不同的商品上表现也不相同。一般来说，日常生活不可缺少的生活必需品，如粮食、食盐等，其消费需要的伸缩性就小些；属于满足消费者享受需要的非生活必需品，如高档时装、高档化妆品、耐用消费品等，其消费需要的伸缩性就大些。

（三）多样性

消费者处在一定的社会经济与社会文化环境中，由于在地理位置、民族传统、宗教信仰、文化水平、兴趣爱好、生活习惯、年龄性别、职业特点等方面存在着差异，决定了每个消费者的消费需要都是不一致的，这就决定了消费者需要的多样性。

（四）发展性

随着社会生产力和科学技术的不断进步，新产品层出不穷，消费者收入水平不断提高，人们的需要不会停留在一个水平上，会呈现出由少到多、由粗到精、由低级到高级的发展趋势。如过去未曾消费过的高档商品进入了消费；过去消费少的高档耐用品现在大量消费；过去消费讲求价廉、实惠，现在追求美观、舒适等。

（五）时代性

消费需求常常受到时代精神、风尚、环境等的影响。时代不同，消费需求和爱好也会不同。例如，随着人们文化水平的提高，对文化用品的需要日益增多，这就是消费需求的时代性。

（六）可诱导性

由于绝大多数消费者缺乏相应的商品知识和市场知识，在购买过程中要经历一个搜集有关信息的过程，其购买行为属非专业性购买，所以他们对商品的选择受广告宣传的影响较大，具有可诱导性的特点。

（七）关联性和替代性

消费者的需要是多种多样的，各种消费需要之间往往具有一定的关联性。消费者为满足需要在购买某一商品时往往会顺便购买相关的商品。比如，购买一套西服，可能顺便购买衬衫、领带等；购买皮鞋，可能顺便购买鞋油、鞋刷等。因此，企业在确定经营商品的范围和结构时要充分考虑到商品的关联性，甚至店址的选择都要考虑到毗邻企业的经营品种和服务项目。

此外，消费者需要还具有相互替代性。这种替代性使消费品市场常常表现出某种（某类）商品销售量增长，而另一种（一类）商品销售量减少的现象。例如，消费者对洗衣粉的需要增加，对肥皂的需要就相对减少。

三、消费者需要的种类

引起消费者需要的因素是多种多样的，可以按照不同的标志进行分类（见表 3 – 1）。

表 3 – 1　　消费者需求分类

按需要产生与起源划分	按需要对象的性质划分	按需要的层次划分	按需要的社会属性划分
• 生理性需要 • 社会性需要	• 物质需要 • 精神需要	• 生存需要 • 享受需要 • 发展需要	• 权力需要 • 交际需要 • 成就需要

第三节　消费者市场与消费者购买行为

一、消费者市场的含义

消费者市场也称为最终消费者市场、消费品市场或生活资料市场，是指个人或家庭为了生活消费而购买产品或服务的市场。消费者是企业产品的主要买主，生活消费是产品和服务流通的终点。

二、消费者市场特点

消费者市场与组织市场比较具有几个主要特点（见表 3 – 2）。

表 3 – 2　　消费者市场与组织市场的特点比较

项目 \ 类型	消费者市场	组织市场
购买对象	消费品、生活资料	工业品、生产资料
购买目的	为了生活消费而购买	为生产加工、转卖或为执行任务而购买
市场规模	购买者人数众多、范围广泛	购买者少、范围较窄
市场结构	家庭、个人	企业、单位、政府部门

续表

项目 \ 类型	消费者市场	组织市场
购买量	零星购买	批量购买
购买频率	高	低
地理分布	分散	集中
交易特点	非专业购买	专业性、理性化购买
买卖关系	不密切	买卖双方关系密切、较稳定
需求弹性	大	小

三、消费品的分类

1. 按消费者的习惯和购买特点划分，消费品可分为日用品、选购品和特殊品（见表3－3）。

表3－3

类　型	特　　点	举　　例
日用品	经常需要、随时购买、选择性小、就近购买	日常生活用品
选购品	需经过分析、挑选、比较而购买	家具、服装、家用电器
特殊品	具有特殊利益或特定品牌	奢侈品、名牌服装

2. 按消费品的耐用程度和是否有形划分，消费品可分为耐用品、非耐用品和服务（见表3－4）。

表3－4

类　型	特　　点	举　　例
耐用品	能多次使用、使用时间和更换周期长	电视机、电冰箱、汽车
非耐用品	使用次数少，一次或几次使用就被更换	牙刷、烟酒、肥皂、洗涤用品
服务	提供无形	理发、照相、修理

四、消费者市场购买行为模式

消费者购买行为是指消费者个人或家庭为满足自己生活需要而获取、购买、使用、评估和处置商品或服务的各种活动。

企业营销人员在研究消费者购买行为时，把它看做是一个整体和过程。具体分析主要集中在五个“W”和一个“H”上（见表3－5）。

表3－5中的六个方面构成了企业对消费者进行调查、研究的核心内容。企业可以通过对这六个因素综合分析，认识消费者的购买行为和规律，并根据企业产品的特点，有效促进消费者产生购买行为，满足消费者需要，以收到良好的营销效果。

表 3－5

分析项目	企业研究方向
何人购买（Who）——购买者分析	消费者是谁？主要有哪些类型
购买什么（What）——购买对象分析	决定开发何种产品或服务
为何购买（Why）——购买目的分析	消费者购买的动机是什么
何时购买（When）——购买时间分析	决定新上市时间和促销时机
何处购买（Where）——购买地点分析	应该通过何种渠道销售
如何购买（How）——购买方式分析	采用何种方式方便消费者购买

五、消费者购买决策过程

（一）消费者购买决策的参与者

消费者在购买过程中（特别是在购买高中档商品时可能扮演不同的角色）的参与者一般可分为五种类型：倡议者、影响者、决策者、购买者和使用者。消费者在购买决策中，可能扮演上述五种类型中的一种，也可能是全部。了解消费者在购买决策中扮演的角色，并针对其角色地位与特性，采取有效的营销策略，实现营销目标。

倡议者——首先提出或有意向购买某产品的人。

影响者——对购买某产品有一定影响的人。

决策者——决定是否买，买什么品牌，何时买、何处买、如何买的人。

购买者——实际购买某产品的人。

使用者——实际使用所购产品的人。

例如，一个家庭购买计算机，倡仪者是儿子，而爸爸是影响者，母亲是决策者，爸爸又充当购买者，而使用者主要是儿子。

（二）消费者购买决策过程

消费者完整的购买决策过程是以购买为中心，包括购前、购中和购后一系列活动在内的复杂行为过程。典型的消费者购买决策过程可分为五个阶段：确定需要→搜集信息→评估选择→购买决策→购后感受。

例如，一个消费者准备购买电冰箱，这就是“确定需要”；接着就会主动去查找资料，会注意有关电冰箱的广告或向熟悉的人了解电冰箱方面的情况，这是“搜集信息”；然后对各商场各品牌的电冰箱在价格、质量、功能、外观等方面进行反复比较，权衡得失，这就是“评估选择”；最后决定购买某一品牌电冰箱，这就是“购买决策”；使用后觉得满意，又介绍朋友去买，这就是“购买感受”。

六、影响消费者购买行为的主要因素

消费者购买行为受诸多因素的影响和制约，这些因素大致可以分为四类：文化因素、社会因素、消费者心理因素和个人因素。这些因素的变化，不仅会影响消费者需要的数量、结构和水平，而且会影响到消费者需要的满足方式。影响消费者购买行为的主要因素如图3－2所示。

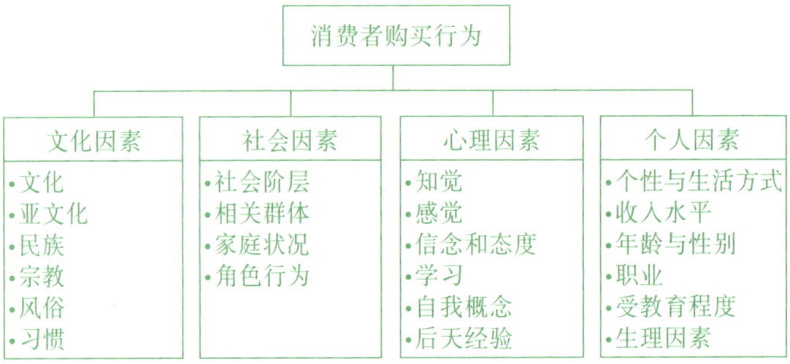

图 3－2 消费者购买行为的影响因素

第四节 组织市场购买行为

组织市场是指企业为从事生产、销售等业务活动以及政府部门和非营利组织为履行职责而购买产品和服务所构成的市场。一般包括四种类型：生产者市场、中间商市场、政府市场和非营利组织市场。这里我们主要分析生产者市场及其购买行为。

一、生产者市场的含义

生产者市场是指那些购买各种生产资料（包括劳务）供自己进一步制造、提供产品或劳务以销售给其他购买者的生产者组成的市场。它是组织市场中最庞大、最多样化的市场，通常由以下行业组成：农业、林业、制造业、建筑业、运输业、通讯业、金融保险业、公用事业、服务业等。

二、生产者购买过程的参与者

1. 使用者。指生产者用户内部使用这种产品或服务的成员。使用者往往首先提出购买建议，并协助确定规格。

2. 影响者。指生产者用户内部和外部能够直接或间接地影响采购决策的人员，如企业管理层、工程师、技术人员等。

3. 决策者。指有权决定买与不买，决定规格、购买数量和供应商的人员。

4. 批准者。指有权批准决策者或购买者所提购买方案的人员。

5. 采购者。赋予权力按照采购方案选择供应商和商谈采购条款的人员。

6. 信息控制者。指生产者用户的内部或外部能够控制信息流向采购中心成员的人员，如采购代理人或技术人员、接待人员、秘书等。

三、生产者购买行为的类型

按照生产者购买行为的难度，一般可分为三种类型：

1. 直接重购。在供货方、购买对象、购买方式、购买地点等不变的情况下，生产者从过去订购过的供应商处直接购买，这是一种习惯性的重复性购买行为。在直接重购中，最常用的方法是使用购买合同，以保证购买者的决策和行为具有常规性。这种购买最简单。

2. 修正重购。指生产者适当改变原先所购的规格、价格、品种、数量、交易条件或供应商等再进行购买的类型。这种购买稍复杂。

3. 新购。指生产者首次购买某种产品或服务。购买前对企业要进行调查、论证、决策。这种购买类型最复杂。

四、影响生产者购买决策的主要因素

影响生产者用户购买决策的主要因素可分为四大类：环境因素、组织因素、人际因素和个人因素，如图 3－3 所示。

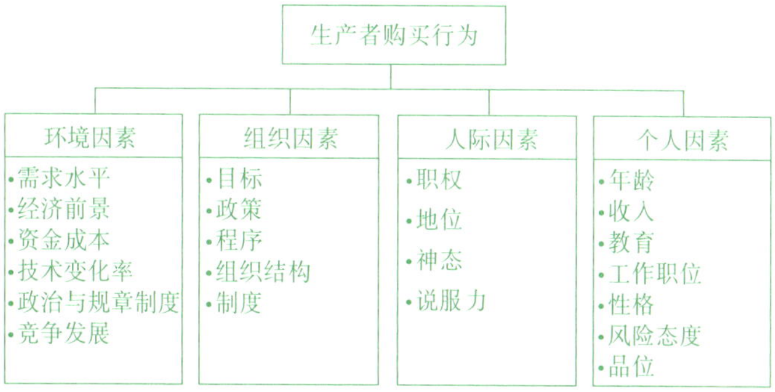

图 3－3　生产者购买决策的影响因素

五、生产者的购买决策过程

生产者购买决策过程中，“新购”的决策过程最为复杂，一般需要经过八个步骤来完成：

1. 认识需求。这是生产者购买决策的起点，指生产者用户认识到自己要购买某种产品或服务的需要，明确所要解决的问题。

2. 确定需求。指企业确定所需产品的品种、性能、特征、数量和服务。

3. 说明需求。指企业对确定待购产品的功能、质量、规格、数量等技术指标作具体分析，并写出详细的技术说明书，作为采购人员的采购依据。

4. 调查和寻找供应商。企业通过工商企业名录、其他商业资料或网络查寻可能的供应商。

5. 分析供应商建议书。企业要求每个可能的供应商提供详细的建议书，并进行分析、挑选。

6. 选择供应商。企业根据供应商提供的建议书，对供应商产品的质量、性能、价格、信誉、及时交货能力、技术服务等指标进行评价，确定最终供应商。

7. 签订合同。企业与供应商签订购买合同。

8. 绩效评价。企业要对特定供应商的绩效进行评价，以决定延续、修正或终止向该供应商采购。

课后练习

一、单项选择题

1. 通过顾客需求达到（　　），最终实现包括利润在内的企业目标，是现代市场营销的基础精神。

A. 顾客价值　　B. 顾客满意　　C. 顾客偏好　　D. 顾客购买

2. 决定顾客购买总价值大小的关键因素是（　　）。

A. 产品价值　　B. 服务价值　　C. 人员价值　　D. 形象价值

3. 顾客购买最后是否满意，取决于其实际感受到的（　　）的差异。

A. 公平与效益　　B. 购前与购后　　C. 结果与期望　　D. 现实与理想

4. 消费者需要的（　　），集中表现为消费者对需要追求的高低层次、多寡项目和强弱程度。

A. 伸缩性　　B. 层次性　　C. 多样性　　D. 复杂性

5. 消费者市场需求弹性表现为（　　）。

A. 弹性小　　B. 弹性大　　C. 无弹性　　D. 都不是

6. 消费者购买过程是消费者购买动机转化为（　　）的过程。

A. 购买心理　　B. 购买意志　　C. 购买行为　　D. 购买意向

7. 消费者在购买过程中，决定是否购买、何时买、何处买、买何品牌的人是（　　）。

A. 倡仪者　　B. 决策者　　C. 购买者　　D. 使用者

E. 影响者

8. 具有价格高，有名气，使用时间较长，且愿意花精力去买的商品属于（　　）。

A. 日用品　　B. 便利品　　C. 选购品　　D. 特殊品

E. 劳务

9. 市场营销学研究的重点是（　　）。

A. 消费者市场　　B. 生产者市场　　C. 中间商市场　　D. 政府市场

10. 生产者用户初次购买某种商品或服务称为（　　）。

A. 直接重购　　B. 修正重购　　C. 重购　　D. 新购

二、多项选择题

1. 顾客总价值包括（　　　）。

A. 商品品牌　　B. 产品价值　　C. 服务价值　　D. 人员价值

E. 形象价值

2. 顾客总成本包括（　　　）。

A. 货币成本　　B. 时间成本　　C. 精力成本　　D. 生产成本

3. 消费者一般可以通过（　　　）渠道去搜集信息。

A. 个人来源　　B. 商业来源　　C. 经验来源　　D. 公共来源

4. 属于生产者市场的特征是（ ）。

A. 购买者较少，购买数量大　B. 需求具有派生性

C. 买卖双方关系不密切　D. 购买者地理分布集中

5. 影响消费者购买行为的主要因素有（ ）。

A. 文化因素　B. 社会因素　C. 个人因素　D. 心理因素

E. 产品因素

6. 马斯洛认为人的需求是有层次的，具体包括以下（ ）。

A. 生理需求　B. 安全需求　C. 社交需求　D. 尊重需要

E. 自我实现需要

7. 按照消费者购买习惯和购买特点分，有以下类型（ ）。

A. 耐用品　B. 消耗品　C. 日用品　D. 选购品

E. 特殊品

8. 消费者的购买决策一般包括以下（ ）活动在内的复杂行为的过程。

A. 确定需要　B. 搜集信息　C. 评估选择　D. 决定购买

E. 购后行为

9. 消费者购买时间分析，主要决定（ ）。

A. 消费者购买动机　B. 新产品上市时间

C. 促销时间　D. 消费者购买方式

三、判断题

1. 顾客总价值是指顾客购买某一种商品或劳务时所期望获得的商品价值。（ ）

2. 一般来说，增加顾客购买的总价值和降低顾客购买的总成本都可以提高顾客的让渡价值。（ ）

3. 由于追求顾客让渡价值最大化的结果往往会导致企业成本增加，利润减少。因此，任何企业都不会主动采取顾客让渡价值最大化的策略。（ ）

4. 消费者市场的购买者是家庭或个人。（ ）

5. 消费者购买行为是由消费者的经济因素决定的。（ ）

6. 消费者对其购买满意与否直接决定着以后的购买行为。（ ）

7. 组织市场购买者人数众多、范围广泛。（ ）

8. 组织市场的购买者往往经过中间商进行采购。（ ）

9. 组织市场需求的波动幅度大。（ ）

四、简答题

1. 你认为应该如何提高顾客满意度？

2. 消费者需要具有哪些基本特征？

3. 影响消费者购买行为的因素有哪些？试举例说明这些因素对购买决策行为的影响。

4. 消费者购买决策过程是怎样的？

5. 消费者市场与组织市场各有什么特点？

五、技能训练

1. 选择当地三家百货商店（大店、中店、小店）测评顾客满意度，并作简单分析。
2. 一位顾客要买一台液晶电视机，请你帮助决策。

六、案例分析

“西门子”为何会丧失中国市场

2005 年 6 月 7 日，明基和西门子同时对外宣布，明基集团将整体收购包括全球 6000 名雇员在内的所有西门子手机业务。这是全球手机行业继 TCL 集团收购阿尔卡特手机业务之后的又一起“蛇吞象”事件。

上海西门子成立于 1993 年 5 月，1998 年正式被定位为全球第二大手机生产基地。1999 年上半年，上海西门子曾实现了 40 万部手机的生产量。到 2001 年取得了 13% 的市场份额，排名第三，仅次于摩托罗拉和诺基亚。然而，从 2001 年开始，随着波导、TCL 等国产手机的崛起，国内的手机市场竞争突然加剧，国产手机以领先多机种和自建渠道的方式迅速冲击市场。而西门子手机无论是在外观设计还是内部功能上，都没有真正了解中国消费者的需求，保留公司的“元素”，固守德国研发的大的直板手机，致使在中国手机市场的占有率开始下降。在 2001 年的高峰时期，西门子手机在中国市场出货量虽然一度高达每月 60 万部，但是到 2001 年年底，下滑到二三十万部。到 2004 年，西门子手机在中国市场的占有率降至不足 2%。据了解，2005 年第二财季，西门子手机销售额同比下滑 30%，降至 8.42 亿欧元。第一财季亏损 1.43 亿欧元，第二财季营业亏损额达 1.38 亿欧元。

手机行业比拼的不仅是技术和品牌，外观设计、新品推出速度、功能设计也非常重要。由于中国手机市场的特点之一是通过大量领先的新机型来带动销量，而西门子推出新技术、新功能、新机型的速度相当缓慢，适应不了多变的市场。像诺基亚、摩托罗拉这样的领先企业，关键就在于其独特的外观设计和不断推出的新品，其核心已经不是技术。比如，诺基亚的“绝色倾城”系列、摩托罗拉的 V3 手机，功能并不是很强大，但关键是引领了消费潮流。而在这方面，西门子手机做得显然不够好。从 2002 年到 2004 年上半年，西门子一共推出 30 余款，而在同一时期，摩托罗拉共推出 70 余款，诺基亚 50 余款，三星 40 余款，新品投放速度均快于西门子。

同时，西门子的手机销售价格都由其德国总部主管，决策速度相当缓慢，这无形中使得西门子丧失掉一部分市场份额。

思考与分析：

1. “西门子”丧失中国市场的原因是什么？
2. 通过此案例你能悟出什么道理？
3. 你认为该公司可以采取哪些营销措施改进西门子手机销售下滑的局面？

第4章 市场竞争分析

学习目标：
- ☐ 能概述市场竞争主要形式
- ☐ 了解分析竞争者的步骤和方法
- ☐ 熟悉企业选择竞争策略需考虑的因素
- ☐ 在实践中能够应用市场主导者、市场挑战者、市场跟随者、市场补缺者的竞争策略

你的竞争对手到底是谁？

暴跌90%！

那个“ATM机”老大，不行了！

刚刚，维珍创意正式公布实情：2017年净利润仅300万~390万元，同比暴跌88.6%~91.2%！

谁是维珍创意？银行ATM机一条龙的巨头，从外包装到安防监控，甚至软件，无一不登峰造极。

它曾风光无限，一度被评为最具投资价值企业，就连柳传志、俞敏洪这些大佬也忍不住投了它。

但谁也没想到，就是这样一家不愁吃喝的明星企业，突然不行了。仅仅一年时间，从夜夜笙歌到生死存亡！

其实我们都知道，原因就是用现金的人越来越少了。不要说ATM机沦为“废铜烂铁”，就连网点也在撤离！

但你绝没想到，维珍创意竟然直接把矛头指向微信、支付宝，向所有人宣布：都是它们“害”的。

它直接写到公告首页：

“2017年支付宝、微信支付迅猛发展，移动支付替代了大量的小额现金支付，严重影响了银行ATM等自助设备的布放，造成公司全年业绩出现大幅下降。”

当然，它也挣扎过！

它打造 ATM 机 WiFi 网络，让你排队取钱时不再寂寞。还帮支行一级打造 APP，甚至做起 ATM 机的地产生意。

正是这样，它把围绕 ATM 机产业的一条龙服务做到了极致，拿下四大行，战胜了所有的同行对手。

但也正是这样，让它局限在 ATM 机里，生活得美滋滋，最后输给了一个不用现金的时代。

一切都是润物细无声，静悄悄的开枪。只有自己快死了才恍然大悟：赢了天下，输了时代！

今天，有太多太多这样的案例发生在我们身边！

你看，移动搞了这么多年，最后发现最大的对手根本不是联通，而是腾讯；

你看，柯达垄断了全球的胶卷，正沾沾自喜，手机的出现让它一夜轰塌；

你看，康师傅从风靡全国到减产活命，干掉它的不是今麦郎，而是饿了么……

这就是跨界打劫，跨界的，从来都不是专业的，全部来自另一个领域。它们神出鬼没，常常来无影，去无踪！

[思考]

企业有哪些竞争对手？该如何应对？

第一节 行业竞争环境分析

企业要想发展，必须敢于参与竞争。在不同的时间、地点和条件下，企业面临的竞争压力不同。企业制定有效竞争策略的基础是，分析竞争环境和竞争形势，充分了解不同竞争力量的态势。企业所面临的竞争力量一般有五种：潜在竞争力量、同行业现有竞争力量、买方竞争力量、供货者竞争力量和替代品竞争力量（见图 4－1）。

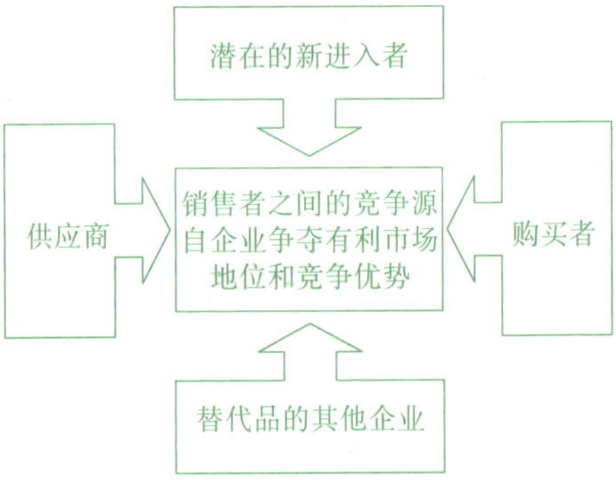

图 4－1 五种竞争力量示意图

一、潜在的竞争力量

营销环境是由多种动态变化的因素所构成，每个行业随时都可能有新的进入者参与竞争。它们会给整个行业的发展带来新的生产力，同时也会形成行业内企业之间更激烈的竞争。作为一种潜在的竞争力量，新进入者面临的威胁主要表现在参与竞争时可能遇到的阻力。如果新进入者势如破竹，那么它就会长驱直入，甚至给行业造成某种剧变；反之，如果遇到竞争对手较为强烈的反应，那么它给现存企业带来的竞争威胁可能就相对小一些。

对新进入者与竞争对手之间的抗衡情况，应该重点注意以下三个方面：

1. 卖方密度。卖方密度是指同行业或同一类商品经营中卖主的数目，在市场需求量相对稳定时，直接影响到企业市场份额的大小和彼此竞争的激烈程度。

2. 产品差异。产品差异是指同一行业中不同企业同类产品的差异程度，这种差异在许多产品上均有表现，它应该是消费者所能够察觉的。产品差异使各企业的产品各具特色而互相区别。如果新进入者拥有独具特色的产品进入目标市场，那它就具有较强的竞争力量。

3. 进入难度。进入难度指某个企业在加入某个行业时遇到的困难程度，特别是技术的难度和资金的规模。

不同的行业，新进入者遇到的进入难易程度是不同的。比如，高科技产业是一般企业难以进入的，因为它需要巨额投资和较高的专业技术；而小家电、塑料制品等一般生活用品生产行业则相对容易进入。不同的进入难度会导致不同的影响，进入难度高的行业中，价格和利润往往比较高，竞争相对较弱；而进入难度低的行业，则相反。

二、同行业现有竞争力量

同行业内现有企业之间的竞争是最直接、最显见的。这种竞争一般通过价格、新产品开发、广告战以及增加为客户提供的服务内容等手段表现。

一般而言，行业内的竞争表现为四种基本状态：

1. 完全竞争。完全竞争是指有较多的企业参与某个目标市场的竞争，买卖交易都只占市场份额的一小部分。在完全竞争的市场中，各企业生产或经营的产品（服务）差异很小，买卖双方对市场的信息充分了解，市场的进入和退出基本没有障碍。

2. 垄断竞争。垄断竞争是指参与目标市场竞争的企业尽管比较多，但彼此提供的产品（服务）是有差异的，一些企业会由于其在产品或服务上的某些优势而获得部分市场的相对垄断地位。

3. 寡头竞争。寡头竞争是指一个行业被少数几家相互竞争的大企业所控制，其他企业只能处于一种从属的地位。寡头竞争中控制市场的企业依赖的主要是实力优势而不是产品或服务的差异。

4. 完全垄断。完全垄断是指由某一家大企业对整个市场全部占有，其他企业基本无法进入。完全垄断除了极少数是由于实力的优势外，基本上是由于资源上或技术上的垄断地位所形成的，也有的是由于政府对于某些行业所实行的政策性垄断所致。由于世界上许多国家对于完全垄断在法律上是予以限制的，所以完全垄断的情况一般很少见。

三、买方竞争力量

买方是企业产品（服务）的直接购买者和使用者，买方的竞争威胁往往意味着企业让利的代价，它们可以通过压低价格、追求更好的产品质量、寻求更全面的服务项目等，从竞争企业彼此对立的状态中获得好处。

一般而言，买方竞争力量会有以下的表现：

1. 如果某个特定买主的进货量很集中，占企业销售的比例也很大时，那么相应就提高了该买主讨价还价的能力。当买方所购买的产品占到其成本或购买数额相当大的份额时，一般都会为了压低购买成本而慎重地选择购买。

2. 如果买主面临的产品供应者相对稳定，而且又是多源的话，那么他就会利用供应者之间的相互竞争，来提高自己讨价还价的能力。而当买主的某个特定购买活动对其而言是至关重要的，或者当供应者的产品对买方产品质量有很大影响时，买方对价格一般就不会那么敏感。

3. 对一般消费者而言，那些毫无差异、与其收入相比价格偏高，或者产品质量对他们而言并不特别重要的产品，往往会使消费者表现出对价格的敏感。

因此，为了减少买方讨价还价的威胁，企业应该向最可能赢得的客户推销自己的产品。一般而言，企业选择理想的目标客户符合以下特点：客户特定的购买需求必须与企业的相对供应能力相匹配；客户讨价还价的能力和所要求的服务成本相对较低；客户具有较大的发展潜力。

四、供货者竞争力量

供货者可以通过提价或降低其所提供的货物（服务）的质量，或者从供货的稳定性和及时性等各方面显示其讨价还价的能力。供货者的这种威胁，会迫使购货企业提高产品成本而失去利润。

一般而言，供货者竞争力量有以下表现：

1. 如果企业面临着实力强大的供货者，那么通常是供货者在价格、质量和贸易条件等方面具有相当大的主动权。

2. 如果某个特定企业是供货者的重要客户，那么由于关系密切，供货者会有相对积极的态度，通过合理的价格和各种促销手段来保证彼此关系的协调发展。

3. 当供应者的某种产品成为购货企业营销活动中一个至关重要的因素时，会增加供货者讨价的砝码。

因此，为了减少供货者的竞争威胁，企业应该在保证供货相对稳定的基础上，尽可能使自己的供货者多样化，使企业处于相对有利的位置。

五、替代品竞争力量

广义地看，企业的竞争对手并不局限于同一行业中。许多企业尽管彼此生产的产品（服务）在形式、内容等方面并不雷同，然而这些产品（服务）却都从特定的角度满足市场的需求而吸引社会购买力。事实上，对于争取社会购买力而言，替代产品竞争力量同样会影响到企业的市场地位。

一般而言，替代品竞争力量会有以下的表现：

1. 愿望竞争力量。愿望竞争力量指提供不同产品以满足不同需求的替代竞争力量。比如，对于家电经营企业而言，房产、证券、文化娱乐、汽车等不同类型的行业都属于愿望竞争者。在整个市场一定时期内相对稳定的购买力面前，大家都在竭力争取消费者最终的购买投向，这就形成了一种现实的替代品竞争力量的威胁。

2. 平行竞争力量。平行竞争力量是指能提供满足同一种需求的不同产品的替代品竞争力量。比如，自行车、电动车、摩托车、汽车等都可以作为家庭交通工具，这几种产品的经营者之间必然存在竞争关系，它们互相成为各自的平行替代竞争者。

3. 产品形式与品牌竞争力量。产品形式竞争力量是指生产同种产品，但不同规格、型号、款式的替代品竞争力量；产品品牌竞争力量是指产品相同，规格、型号等也相同，但品牌不同的替代竞争力量。显然这两种替代竞争力量来自同行业。

第二节　识别竞争者

对市场竞争者的研究，是企业全方位参与市场竞争的基础。企业必须知道谁是自己的竞争对手以及各个竞争对手的实力。通常人们认为竞争者是简单而明显的，可口可乐知道百事可乐是主要竞争对手，麦当劳知道肯德基是主要竞争对手。其实，企业现实和潜在竞争者范围是极其广泛的，有时，潜在竞争者对企业的威胁比现实的竞争者更大。“白猫”洗衣粉的最大威胁不是来自宝洁或纳爱斯，而是来自正在研制的不需要洗衣粉的超声波洗衣机。

一、界定企业竞争者

按产品的竞争观念，一个企业的竞争对手可分为以下四个层次：

1. 品牌竞争者。是指同一行业中以相似的价格向相同的顾客提供相同产品的企业（这是狭义的竞争者，品牌几乎是区别产品的唯一因素）。

2. 行业竞争者。是指同一行业生产不同档次、型号、品种产品的企业。

3. 形式竞争者。是指为满足相同需求而提供不同产品的企业。

4. 一般竞争者。是指为争取同一笔资金而提供不同产品的企业（广义竞争者）。

课堂练习：

A 公司是摩托车生产企业，下列情况下各属于哪种类型的竞争者：

□ A 公司向市场提供摩托车的档次、价格与 B 公司相同。（　　）

□ A 公司生产的摩托车约为 1.5 万元，消费者也拥有准备购买的钱，他将在需要花费相同的彩电、空调、电脑、家具、摩托车等商品中进行选择。（　　）

□ A 公司与所有摩托车生产者以及自行车、小轿车等生产者存在竞争关系。（　　）

□ A 公司与所有摩托车生产者存在竞争关系。（　　）

二、识别竞争者的战略

企业最直接的竞争者是那些为相同的目标市场推行相同战略的人。企业必须辨别出竞争对手的战略及其战略的变化，才能掌握与对手博弈的主动权。在多数行业，竞争者可分为实行不同战略的群体，每个群体由那些实行相同或相似战略的企业组成。例如，一个群体是以完整的产品系列、中等的价格及良好的服务来占领市场；另一个群体则是以较窄的产品系列、较高的价格及高品质的服务来占领市场。

区别不同的战略群体的价值在于，一个打算进入某行业或已在某行业但准备改变战略的企业，实际上是进入了该行业的某个战略群体，这个战略群体中的企业将成为其主要的竞争者。通常，这个群体会设置不同的障碍，阻止新的进入者。因此，区分不同的战略群体，有助于企业识别竞争对手，有助于企业采取恰当的进攻战略或有效地避开不利的冲突，以求稳中取胜。

同一战略群体内竞争激烈，在不同的战略群体间也同样存在着抗衡。因此，一个企业必须不断地观测竞争者的战略，并随着竞争对手的变化和时间的推移修订自己的战略。

福特是早期的赢家，成功于低成本生产。通用汽车超过了福特，因为它响应了市场上对汽车多样化的欲望。后来，日本公司取得了领先地位，因为它供应的汽车省油。日本人下一步的战略是生产可靠性高的汽车。当美国的汽车制造商注重质量时，日本汽车制造商又转移至知觉质量，即汽车及部件更好看和感觉更好。一位福特公司的前任工程师解释说："这种转换信号很稳定……电动窗户上下有速度……空气调节旋钮手感好……这就是下一次顾客竞争的细微差别。"（引自菲利普·科特勒《营销管理》）

三、判断竞争者目标

判断竞争者的目标可以帮助企业预见竞争者的战略、策略行动，进而找到一个能尽量避开竞争者目标的有利位置，来实现本企业目标和减少来自竞争者的威胁。

竞争者的目标可以有总目标与分层目标、近期目标与远期目标等。要求企业采用动态的、具体分析的方法来判断竞争者的目标，具体应注意以下几个问题：

1. 在不同情况下对同一目标的重视程度有所不同。比如，就利润目标而言，有的企业追求短期利润目标，即采用高价格、高促销的策略通过占有绝对优势的产品在短期获取更多利润；而有的企业则追求长期利润目标，即注重提高技术水平、经营管理水平、市场竞争能力并顾及企业全部产品的定价与促销，取得长期的整体的利润。

2. 在目标组合中的侧重点有所不同。如市场占有率、销售增长率、企业形象等各种目标。当企业的重点目标遭受攻击时，便会作出强烈反应。

3. 确定企业目标的因素有所不同。如公司规模、地位、专业化程度等。

四、评估竞争者的优势与劣势

"扬长避短"是市场竞争的重要原则之一，这就要求企业准确地掌握竞争者的优势与劣势。一般来说，竞争者的优势与劣势主要表现在其产品、销售渠道、营销能力、生产、研究开发能力、总成本、财务实力等方面。企业应搜集每个竞争者近期的重要数据，如销售额、市场占有率、利润率、销售增长率、投资收益、现金流量、新的投资与生产能力的利用情况等，帮助企业发现和估计竞争者的优势和劣势，并预测竞争者未来的发展方向和市场行为。

五、估计竞争者的反应模式

估计竞争者在遇到攻击时可能采取什么行动和作出何种反应，有助于企业正确地选择攻击对象、因素和力度，达成每一次竞争行动的预期目标。

从心理状态角度，竞争者的反应主要有以下几种类型：

1. 从容竞争者。该种竞争者在面对其他企业的进攻或营销策略变动时，一般采取漫不经心的态度，或不迅速反应，或反应不强烈。造成这种反应迟钝的原因或许是因为其可能深信顾客的忠诚，也可能是伺机行动，还可能是缺乏反击能力等。企业在面对该类竞争者时，必须设法了解其无反应或反应迟钝的真正原因。

2. 选择型竞争者。该种类型竞争者在面临其他企业的进攻时，并非对所有攻击都作出反应，而是有选择地对某些进攻采取反击行为。如对其他企业的降价行为采取强烈反击，而对其增强广告攻势则置之不理等。一般而言，当其他企业的策略变动触及该类竞争者的根本利益或敏感区域时，它才会作出反击行为。企业在面对该类竞争者时，必须了解哪类进攻能激起对手反应，从而采取有效的攻击行为。

3. 凶暴型竞争者。顾名思义，这是对任何一种攻击都采取迅速与强烈反应的一类竞争者。这类竞争者多属实力强大的企业，对这类竞争者，企业应避免与其正面冲突，并尽量使攻击行为隐蔽化。

4. 随机型竞争者。是指在面对其他企业的攻击时，无法预测其反应的一类竞争者。它可能采取也可能不采取某种反击行为，且这种可能性是无法预测的。企业在面对该类竞争者时，可以考虑采取试探性攻击行为，如果没有遭到反击，可逐渐将此攻击拓展和延伸。

六、确定竞争对象

在了解竞争者之后，企业要确定与谁展开最有力的竞争。竞争者不外乎下列三类：

1. 强竞争者与弱竞争者。攻击弱竞争者在提高市场占有率的每个百分点方面所耗费的资金和时间较少，但能力提高和利润增加也较少；攻击强竞争者可以提高自己的生产、管理和促销能力，更大幅度地扩大市场占有率和利润水平。

2. 近竞争者和远竞争者。多数公司重视同那些与其极度类似的竞争者对抗并力图摧毁对方，但是竞争胜利可能招致更难对付的竞争者。如美国博士伦公司在 20 世纪 70 年代后期，积极跟其他软性隐形眼镜生产商对抗并且取得了巨大的成功。然而，这导致了弱小竞争者将其资产出售给露华浓、强生等较大公司，结果使博士伦公司面对更强的竞争者。

3. “好”竞争者与“坏”竞争者。“好”竞争者的特点是：遵守行业规则，对行业增长潜力的设想切合实际，按照成本合理定价，把自己限制在行业的某一部分或某一细分市场中，提高差异化，接受为它们的市场份额和利润规定的大致界限。“坏”竞争者的特点是：违反行业规则，企图靠花钱而不是靠努力去扩大市场份额，敢于冒大风险，生产能力过剩仍然继续投资，总之，它们打破了行业平衡。企业应攻击“坏”的竞争者。

一般而言，竞争中企业的攻击与反攻击有可能造成至少一方利益的受损，为此，美国学者布鲁斯·汉德森提出竞争应遵循的三个原则：

第一，考虑与竞争者合作，并使之清楚合作带来的利益以及不合作可能要付出的代价。

第二，尽量避免任何可能使竞争者情绪化的攻击方式，因为合乎逻辑和理性的竞争行为对于双方的利益是至关重要的。

第三，设法使竞争者明确企业对于其目前市场地位的信心以及保卫自身市场地位的决心，使其不敢轻举妄动。

第三节　市场竞争战略

竞争战略是指企业计划在一段较长的时期内采用的主要竞争手段。为提高竞争能力、争取竞争优势的基本市场竞争战略有三种：低成本竞争战略、差别化竞争战略和聚焦竞争战略（见图4-2）。

	成本优势	行业优势
行业范围	低成本战略	差别化战略
细分市场	聚焦战略	

图4-2　基本市场竞争战略

一、低成本竞争战略

低成本竞争战略是指企业在某一竞争领域中始终以低于竞争者的成本作为主要竞争手段，使自己在成本方面比同行的其他企业占有优势地位。

实现低成本战略的关键是发挥规模经济的作用，使生产规模扩大、产量增加，使单位产品固定成本下降。在扩大生产规模过程中，还要做到以下几点：

1. 以较低的价格取得原材料和劳动力；
2. 使用先进的机器设备，增加产量，提高设备利用率、劳动效率和产品合格率；
3. 加强成本与管理费用的控制等。

实现低成本战略，可以低于竞争者的价格销售产品，提高市场占有率；也可以与竞争者同价销售产品，取得较高利润。

低成本战略流行于20世纪70年代，当同行企业都采用各种措施使成本降到最小化或接近极限时，这一战略就失去意义了。

小案例

格兰仕的低成本战略

格兰仕的前身是1979年成立的广东顺德桂洲羽绒厂。1991年，格兰仕最高决策层意识到羽绒服装及其他制品的出口前景不佳，他们达成共识：从现在的行业转移到一个成长性更好的行业。经过市场调查，他们初步选定家电业为新的经营领域（格兰仕所在地广东顺德及其周围地区已经是中国最大的家电生产基地）；进一步地，格兰仕选定小家电作为主攻方向（当时，大家电的竞争较为激烈）；最后确定微波炉为进入小家电行业的主导产品（当时，国内微波炉市场刚开始发育，生产企业只有4家，其市场几乎被外国产品垄断）。1993年，格兰仕试产微波炉1万台，开始从纺织业转向家电制造业。1996—2000年，格兰仕先后5次大幅度降价，每次降价幅度均在20%以上，每次都使市场占有率总体提高10%以上。自1995年至今，格兰仕微波炉国内市场占有率一直居第一位，且大大超过国际产业、学术界确定的垄断线（30%），达到60%以上，1998年5月市场占有率达到73.5%。格兰仕频频使用价格策略使其在市场上获得了领导地位。

（资料来源：《中国经营报》。）

二、差异优势竞争战略

差别化战略是指企业向市场提供的产品或服务与竞争对手相比具有某种独到之处，这些独到之处有许多表现形式，如名牌形象、技术特点、顾客服务以及商业网络等。差别化战略并不意味着企业可以忽视成本因素，但成本不是企业的根本战略目标。企业以表现某些方面的独到之处为主要竞争手段，希望在与竞争对手的差异比较中占有优势地位，便形成差异化战略。

这里的差异具体包括：产品的性能、质量、款式、商标、型号、档次、产地，生产产品所采用的技术、工艺、原材料以及售前售后服务、销售网点等方面的差异。

差异化竞争战略是企业将其在技术、实力、创新能力、原材料、经营经验等方面的优势，转化为在产品、服务、宣传、网点等方面独具特色的差异优势，减少与竞争对手的正面冲突，并在某一领域取得竞争的优势地位。

在行业内，顾客对具有特色的产品可能并不计较价格或无法进行价格比较，从而可以高于竞争者的价格销售产品，而取得更多利润；在行业外，具有特色的产品又可以阻碍替代者和潜在加入者进入，提高与购买者、供应商讨价还价的能力。

但实施这一战略可能要付出较高的成本代价。当较多的顾客没有能力或不愿高价购买特色产品时，市场占有率提高较困难。

三、聚焦竞争战略（集中优势竞争战略）

集中优势竞争战略要求企业致力于某一个或少数几个消费者群体提供服务，力争在局部市场中取得竞争优势。

所谓集中，就是企业并不面向整体市场的所有消费者推出产品和服务，而是专门为一部分消费者群体（局部市场）提供服务。

集中精力于局部市场仅需少量投资，这对中型企业特别是小企业来说，正是一个在激烈竞争中能够生存与发展的空间。同时这一战略既能满足某些消费者群体的特殊需要，具有与差异战略相同的优势，又能在较窄的领域里以较低的成本进行经营，兼有低成本战略的优势。

但它也有一定的风险：当面对的局部市场的供求、价格、竞争等因素发生变化时，就可能使企业遭受重大损失。

第四节　市场竞争地位策略

市场占有率从来都是企业的主要营销目标，反映了企业在其目标市场中所占的相对销售额，同时又表明在目标市场上认同其产品价值的顾客的数量。因此，市场占有率不仅标志着企业的市场地位，也代表着企业满足消费者需求的竞争能力。所以，大多数企业都把不断提高或维持市场占有率作为其生死存亡的极其重要的竞争目标。根据众多企业在同一市场中所占市场份额的多寡，一般可分为市场领导者、市场挑战者、市场追随者和市场补缺者四种市场竞争地位（见表4-1）。

表4-1　　四种竞争地位

市场地位	市场领导者	市场挑战者	市场追随者	市场补缺者
市场份额	40%	30%	20%	10%

根据上述四种市场地位的分类，企业可以通过对整体产业或目标市场的总体分析，了解市场份额的分布状况，进而明确企业在此行业的市场地位，并依据自身的市场地位制定相应的竞争地位策略。

一、市场领导者的竞争策略

市场领导者是指在某一行业中拥有最大市场占有率，在价格变动、新产品开发、分销覆盖面和促销强度等方面都起主导作用的某一大企业。它是市场竞争的先导者，也是其他企业挑战、效仿或回避的对象。我国一些著名的市场领导者企业有：电冰箱行业的海尔集团、电脑行业的联想集团、洗衣机行业的小天鹅集团、微波炉行业的格兰仕集团等。

占据着市场领导者地位的公司常常成为众矢之的。要击败其他公司的挑战，保持第一的优势，必须从三个方面努力：扩大总需求、保护现有市场份额、扩大市场份额。

（一）扩大总需求

市场领导者占有的市场份额最大，在市场总需求扩大时受益也最多。所以促进产品总需求量不断扩大是市场领导者维护竞争优势的积极措施。

1. 开发产品的新用户。开发新用户又包括三种途径：（1）转变未使用者。即说服那些尚未使用本行业产品的人使用，把潜在顾客转变为现实顾客。（2）进入新的细分市场。企业在原细分市场的需求饱和后可设法进入新的细分市场，扩大原有产品的适用范围，说服新细分市场的顾客使用本产品。如婴幼儿奶粉需求量有限，生产企业可宣传它富有营养且易于吸收，成人使用更能增进健康，争取进入成人市场。（3）地理扩展。寻找尚未使用本产品的地区。如摩托车、小屏幕彩电在大城市销量有限，可以向中小城市和广大农村市场转移。

2. 寻找产品的新用途。指设法找出产品的新用法和新用途以增加销售。比如，食品生产者常常在包装上印制多种食用或烹制方法，有冷食、热食、浸泡、炸炒、干食等。

3. 增加使用量。主要包括：（1）提高使用频率。企业应设法使顾客更频繁地使用本产品。果汁的营销者应说服人们改变在待客时才饮用果汁的做法，平时也要饮用果汁以增加维生素。（2）增加每次使用量。宝洁公司曾提醒顾客，每次洗发时，使用两遍洗发水比只用一次效果更好。（3）增加使用场所。彩电生产企业宣传有条件的家庭在客厅和卧室等分别设置彩电可方便观看，避免家庭成员之间收看的冲突。

（二）保护市场份额

防止和防御其他企业的进攻，特别是挑战者的进攻，以维护自己现有的市场份额，是市场领导者守住阵地的有效竞争策略。最好的防御方法是发动最有效的进攻，不断创新，在新产品开发、成本降低、分销渠道建设和顾客服务等方面始终处于行业领先地位，持续增加竞争效益和顾客让渡价值，同时针对竞争对手的薄弱环节主动出击。即使不发动主动进攻，至少也要加强防御，堵塞漏洞，不给挑战者可乘之机。

小案例

百事可乐公司预料到七喜公司在 1982 年对“无咖啡因”饮料的大肆宣传，会对百事可乐在美国软饮料市场的领导地位造成巨大影响。故此，百事可乐公司迅速完成了 99% 的“无咖啡因”配方的研制，配合 1 亿美元的广告宣传，成功地推出针对挑战者的产品，抵御了七喜的侧翼挑战，保卫了其市场领先的地位。

（三）扩大市场份额

一般而言，如果单位产品价格不降低且经营成本不增加，企业利润会随着市场份额的扩大而提高。但是，切不可认为市场份额提高就会自动增加利润，这主要取决于企业提高市场份额所采取的战略。企业在追求提高市场份额时，还应考虑经营成本、营销组合和反垄断法三个因素。

二、市场挑战者竞争策略

市场挑战者是指在行业中占据第二位及以后位次，有能力对市场领导者和其他竞争者采取攻击行为，希望夺取市场领导者地位的公司。

在技术或市场发生变化时，名列前茅的公司未能继续保持行业领先地位是常见现象。美国固特异和凡士通公司很晚才进入子午线轮胎市场却处于领先地位；佳能取代了施乐公司，在小型复印机市场独占鳌头；西尔斯公司则为沃尔玛公司所取代。

处于市场挑战者地位的公司，一般都具有相当的规模和实力，在竞争策略上具有相当大的主动性，它们随时可以向市场领导者或其他企业发动进攻。然而作为市场挑战者，盲目地进攻是愚蠢的甚至是有害的。要使自己的挑战获得成功，必须明确企业的营销目标和挑战的对象，然后选择合适的进攻策略。

（一）确定挑战对象

进攻者可选择以下三类公司作为进攻对象：

1. 攻击市场领导者。意在夺取市场领导者的市场份额和产品优势。这一战略风险大，潜在收益也大。当市场领导者在其目标市场的服务效果较差而令顾客不满，或对某个较大的细分市场未能给予足够关注的时候，采用这一战略带来的利益更为显著。

2. 攻击规模相同但经营不佳、资金不足的公司。意在扩展自身市场份额以改变市场地位。公司应当仔细调查该竞争者是否满足了消费者的需求，是否具有产品创新的能力，如果在这些方面有缺陷，就可作为攻击对象。

3. 攻击规模较小、经营不善、资金缺乏的公司。在我国，许多实力雄厚、管理有方的外国独资或合资企业一进入市场，就击败了当地资金不足、管理混乱的弱小企业。

（二）选择进攻策略

1. 正面进攻。这是集中全力向对手主要市场阵地发动攻击的策略，进攻的是对手的强项而不是弱项。比如，以更好的产品、更低的价格、更大规模的广告攻击对手的拳头产品。决定正面进攻胜负的是“实力原则”，即享有较大资源（人力、物力和财力）的一方将取得胜利。

2. 侧翼进攻。这是从敌人阵地的侧面发动进攻，避免与敌人主力直接接火，即寻找和攻击对手的弱点，以己之长，攻人之短。侧翼进攻是市场营销战中最富有新意的作战方式。具体做法有：（1）分析地理市场，选择对手忽略或绩效较差的产品和区域加以攻击；（2）分析其余各类细分市场，按照收入水平、年龄、性别、购买动机、产品用途和使用率等因素辨认细分市场并认真研究，选择对手尚未重视或尚未覆盖的细分市场作为攻击的目标。

小案例

大众汽车公司对美国通用汽车公司的侧翼进攻

通用汽车公司生产大型号的轿车，大众公司则推出小型轿车；通用汽车公司的发动机装在汽车的前部，大众公司则把它设计在后面；通用汽车公司的轿车外表美观，大众汽车公司的甲壳虫型汽车相貌丑陋。“想想小型车！”作为一家对“底特律堡垒”突袭的大众汽车公司的广告这样说。这是一场典型的侧翼进攻。然而，大众汽车公司在第一次机会到来之际就开始考虑大型号汽车了，它相继推出8座小型客车，4门411型和412型轿车，娱乐用达夏（Dasher）汽车及吉普型大众汽车。“各种大众车竭诚为大众服务”，这则力图使大众车为所有消费者喜爱的广告如是说。

（资料来源：http：//baike. baidu. com/view/1454194. html。）

3. 包抄进攻。这是指在多个领域同时发动进攻以夺取对手的市场。比如，向市场提供竞争对手所能提供的一切产品和服务，并且更加质优价廉，同时配合大规模促销，使对手分散力量，不能全方位地进攻防御，主要包括产品包抄和地理包抄。

4. 迂回进攻。如果竞争对手的实力较强，市场挑战者可以避开对手的现有业务领域和现有市场，进攻对手尚未涉足的业务领域和市场，以壮大自己的实力。比如，选择竞争对手忽视的细分市场进攻，或者选择竞争对手产品销售薄弱地区、服务较差的地区进攻。这是集中自己的优势力量攻击对手弱点的策略，成功的可能性更大。

小案例

百事可乐使用迂回进攻对付可口可乐

百事可乐在美国挑战可口可乐的主要方式，是其卓然超群的市场定位和对销售渠道的控制。在可口可乐一统天下的年代，针对青少年于碳酸饮料的强大需求及未来的购买潜力，百事可乐将自身定位于“创新、年轻并富有活力”，这对于20世纪60年代的美国年轻人极具号召力，并且控制了销售渠道中的包装公司，因此能够异军突起。在可口可乐和百事可乐鏖战可乐市场的时候，七喜将自己定位为非可乐，也迅速打开了销路。

（资料来源：http：//zhidao. baidu. com/question/7263504. html。）

5. 游击进攻。如果挑战者企业规模暂时较小、力量较弱的话，可以采用游击进攻策略。根据自己的力量，针对竞争对手的不同侧面，向对手的有关领域发动小规模的、断断续续的进攻，逐渐削弱对手，最终夺取永久性的市场领域。游击进攻适用于小公司打击大公司。

三、市场追随者竞争策略

市场追随者是指那些在产品、技术、价格、渠道和促销等大多数营销战略上模仿或跟随市场领导者的企业。市场追随者一般倾向于跟随市场领导者，而不是向其挑战，它们的哲学是，市场领导者会对任何威胁作出强烈反应。如果一个企业不能在产品创新或分销方面取得重大突破，从而不能对市场领导者形成致命打击，那么，它最好承认，任何试图向市场领导者地位挑战的行动，至多是付出极大代价后获得的胜利。

在很多情况下，追随者可让市场领导者、挑战者承担新产品开发、信息搜集和市场开发所需的大量经费，自己坐享其成，从事产品仿造或改良，减少支出和风险，并避免向市场领导者挑战可能带来的重大损失。虽然追随者未必能超过领先者，但其获得的利润仍相当可观。

追随者应当制定有利于自身发展而不会引起竞争者报复的战略，可分为以下三类。

1. 紧密跟随。紧密跟随是指在各个细分市场和产品、价格、广告等营销组合战略方面尽可能模仿市场领导者，以借助市场领导者的优势打开市场，并跟着获得一定的份额。

2. 距离跟随。距离跟随是指在基本方面模仿领导者，但是在包装、广告和价格上又与其保持一定差异。如果模仿者不对领导者发起挑战，领导者不会介意。在钢铁、化肥、化工等行业，不同公司的产品几乎相同，服务差别很小，不宜实行差异化战略。由于价格几乎是吸引购买的惟一手段，价格敏感性高，随时可能爆发价格大战。因此，各公司常常模仿市场领导者，采取较为一致的产品、价格、服务和促销战略，市场份额保持着高度的稳定。

3. 选择跟随。市场追随者根据自身的具体条件，在一些方面紧跟市场领导者，在另一些方面又自行其是，坚持独创。比如，主动地细分和集中于某一目标市场，有效地研究和开发等，尽量在别的企业想不到或者做不到的地方去争取一席之地。他们会有选择地改进市场领导者的产品、服务和营销战略，避免与市场领导者正面交锋，选择其他市场销售产品。这种跟随者通过改进并在其他市场上壮大实力后有可能成长为挑战者。TCL 在 1996 年最初进入彩电市场时即是如此。

四、市场补缺者竞争策略

对于小公司而言，不当市场追随者的一个选择，就是成为市场的拾遗补缺者。市场补缺者是指专门为规模较小的或大公司不感兴趣的细分市场提供产品和服务的公司。市场补缺者的竞争实力不强，但并不追随市场主流趋势，而是利用自身特长寻找市场上大多数企业所忽略或不愿进入的市场作为自己的目标市场。市场补缺者的作用是拾遗补缺，见缝插针，虽然在整体市场上仅占有很小的份额，但是比其他公司更充分地了解和满足某一细分市场的需求，能够通过提供高附加值而获得较高利润和快速增长。

市场补缺者的竞争策略关键在于实现专业化、精细化营销。由于营销目标和营销力量的相对集中，所实现的产品高度差别化，会使企业具有其他企业无法轻易效仿的特殊竞争力量。主要途径有：

1. 最终用户专业化，专门为某一类型的最终用户提供服务。

2. 垂直专业化，专门为处于生产与分销的某些层次的用户提供服务。

3. 顾客规模专业化，专门为某一规模的顾客群服务。

4. 特殊顾客专业化，专门向一个或几个主要客户销售产品。
5. 地理市场专业化，只在某一地点、地区或范围内经营业务。
6. 产品或产品线专业化，只经营某一种产品或某一类产品线。
7. 产品特色专业化，专门经营某一类型的产品或特色产品。
8. 客户订单专业化，专门按客户订单生产特制产品。
9. 质量和价格专业化，专门生产经营某种质量和价格的产品，如专业生产高质高价或低质低价的产品。
10. 服务专业化，提供一种或数种其他企业所没有的服务。
11. 销售渠道专业化，只为某类销售渠道提供服务。

课后练习

一、单项选择题

1. 当一个企业规模较小，人力、物力、财力都比较薄弱时，应当采取的竞争策略是（　　）。

A. 进攻策略　　B. 专业化生产和经营
C. 市场多角化　　D. 防御策略

2. 集中性市场战略尤其适合于（　　）。

A. 跨国公司　　B. 大型企业
C. 中型企业　　D. 小型企业

3. 同质性较高的产品，宜采用（　　）。

A. 产品专业化　　B. 市场专业化
C. 无差异营销　　D. 差异性营销

4. 对某些特定的攻击行为没有迅速反应或强烈反应的竞争者属于（　　）。

A. 从容型竞争者　　B. 选择型竞争者
C. 凶狠型竞争者　　D. 随机型竞争者

5. 占有最大的市场份额，在价格变化、新产品开发、分销渠道建设和促销战略等方面对本行业其他公司起领导作用的竞争者，被称为（　　）。

A. 市场领导者　　B. 市场利基者
C. 强竞争者　　D. 近竞争者

6. 市场领导者扩大市场总需求的途径是（　　）。

A. 寻找产品的新用途　　B. 以攻为守
C. 扩大市场份额　　D. 正面进攻

7. 有能力对市场领导者采取攻击行动，有望夺取市场领导者地位的公司属于（　　）。

A. 强竞争者　　B. 市场挑战者
C. 市场补缺者　　D. “好”竞争者

8. 市场追随者在竞争战略上应当（　　）。

A. 攻击市场领导者　　B. 向市场领导者挑战
C. 跟随市场领导者　　D. 不作出任何竞争反应

二、多项选择题

1. 以下哪几个是市场领导者的策略？(　　　　)
A. 开辟产品的新用途　　B. 提高市场占有率
C. 市场多角化　　D. 阵地防御
E. 正面进攻
2. 补缺基点的特征主要有（　　　　）。
A. 有足够的市场潜量和购买力　　B. 生产和消费都比较集中
C. 对主要竞争者不具有吸引力　　D. 产品的需求具有较强的季节性
E. 企业具有占据该补缺基点所必需的资源和能力
3. 下列各项中，属于竞争者分析的是（　　　　）。
A. 识别竞争者　　B. 判定竞争者的战略和目标
C. 评估竞争者的优劣势　　D. 评估竞争者反应模式
E. 认识市场需求特征
4. 企业每项业务的内容包括（　　　　）。
A. 要进入的行业类别　　B. 要服务的顾客群
C. 要迎合的顾客需要　　D. 满足这些需要的技术
E. 运用这些技术生产出的产品
5. 市场领导者的主要竞争战略包括（　　　　）。
A. 组织市场总需求增加　　B. 保护现有市场份额
C. 扩大市场份额　　D. 谋求垄断
E. 扩大总需求
6. 市场挑战者的主要竞争战略包括（　　　　）。
A. 攻击市场领导者　　B. 扩大总需求
C. 攻击资金不足，经营不佳的公司　　D. 跟随市场领导者
E. 降低总需求
7. 市场利基者的作用是（　　　　）。
A. 拾遗补缺　　B. 有选择的跟随市场领导者
C. 见缝插针　　D. 攻击市场追随者
E. 打破垄断
8. 市场领导者扩大总需求的途径有（　　　　）。
A. 攻击挑战者　　B. 开发新用户
C. 击倒补缺者　　D. 寻找产品新用途
E. 增加使用量
9. 根据企业在市场上竞争地位的不同，企业的竞争策略可以分为（　　　　）。
A. 市场领导者策略　　B. 市场挑战者策略
C. 市场搅局者策略　　D. 市场跟随者策略

E. 市场利基者策略

三、判断题

1. 在同类产品市场上，同一细分市场的顾客需求具有较多的共同性。（ ）
2. 产品差异化营销以市场需求为导向。（ ）
3. 同质性产品适合于采用集中性市场营销战略。（ ）
4. 集中性市场战略适合于资源薄弱的小企业。（ ）
5. 与产品生命周期阶段相适应，新产品在引入阶段可采用无差异性营销。（ ）
6. 公司最直接的竞争者是那些同一行业同一战略群体的公司。（ ）
7. 从容型竞争者不对竞争者的任何攻击行为进行反击。（ ）
8. 攻击弱竞争者能更大幅度地扩大市场占有率和利润水平。（ ）
9. 追随者要与市场领导者和市场挑战者分担新产品开发等方面所需的经费。（ ）
10. 规模较小且大公司不感兴趣的细分市场称为利基市场。（ ）
11. “好”竞争者的存在会给公司带来一些战略利益。（ ）
12. 本地竞争者是近竞争者，外国竞争者则是远竞争者。（ ）
13. 企业应攻击“坏”竞争者，支持“好”竞争者。（ ）

四、简答题

1. 简要说明决定行业竞争态势的五种基本力量。
2. 竞争者有哪些反应模式？
3. 目标市场中不同企业的竞争位置有哪几类？其各自的竞争策略是什么？

五、案例分析

沃尔玛的竞争战略

在沃尔玛创业初始，山姆·沃尔顿面对像西尔斯、凯马特这样强大的竞争对手，采取了以小城镇为主要目标市场的发展战略。在20世纪60年代，像凯马特这样的大公司对人口低于5万人的小镇开分店根本不感兴趣。而山姆·沃尔顿的信条是即使5 000人的小镇也照开不误，而且山姆对商品选址有严格要求，首先要求在围绕配送中心的600公里辐射范围内，把小城镇逐个填满后，然后再考虑向相邻的地区渗透。这样正好使沃尔玛避开了和那些强大对手直接竞争，同时抢先一步占领了小城镇市场。当沃尔玛在小城镇立稳脚跟后，开始实施农村包围城市的战略，开始向大城市渗透。

与此同时，沃尔玛为了进一步建立和保持长久的竞争优势，把“天天平价”和“保证满意”确定为沃尔玛的战略目标，想尽一切办法在每一环节上把成本降至最低，取得了在行业上的成本领先者地位。同时，为了满足顾客的需求，不断推出新的服务方式和服务项目，如山姆会员店、超级购物广场、一站式购物、免费停车、免费送货等，最终以超一流的服务赢得了顾客的忠诚，取得了在服务方面的差异化。

反观沃尔玛的竞争对手，如西尔斯、凯马特等大型零售商，它们既不能取得价格方面的优势，在服务方面又远远逊色于沃尔玛，因此处于被迈克尔·波特称为“夹在中间”的尴尬地位，最后只得一步步将市场拱手让与沃尔玛。

而沃尔玛公司由于能够成功实施在价格方面的总成本领先战略和服务方面的差异化战略，因而建立了远远超过其他竞争对手的巨大竞争优势，最终凭借这些优势，将西尔斯、凯马特等对手一一击败，建立起今日的零售王国。

表1　沃尔玛的发展历程

年份	1960	1970	1980	1990	1998
销售额	140万美元	3 100万美元	12亿美元	260亿美元	1 332亿美元
利润	11.2万美元	120万美元	4 100万美元	10亿美元	41亿美元
商店数	9家	32家	576家	1 528家	3 000多家

从表1中可以看出，沃尔玛连续50年的高速扩张，每隔10年就上一个台阶，直至今日仍未停止。是什么使得沃尔玛公司具有如此强大的竞争能力和扩张能力呢？其中的奥秘就在于它独特的自成一体的竞争战略。

1. 天天平价

当你走进沃尔玛的大门，第一眼看到的一定是“天天平价，始终如一”的标语，就连沃尔玛的购物袋上印的也是这句话，这句话对沃尔玛的重要程度由此可见一斑。

天天平价和一般的削价让利有着本质的区别。天天平价是折扣销售额的基础，是把减价作为一种长期的营销战略手段，减价不再是一种短期促销行为，而是作为整个企业市场定价策略的核心，是企业存在的根本，是企业发展的依托。

沃尔玛公司正是在所有折扣连锁店中将这一战略贯彻得最为彻底的一家公司，它想尽一切方法来降低成本，力求使沃尔玛商品比其他商店更便宜。这一指导思想使得沃尔玛成为本行业中的成本控制专家，它最终将成本降至最低，真正做到天天平价。

深圳沃尔玛店是与我国的一家房地产商合作，落脚在罗湖区一个居民小区楼群下的几层楼房，免去了豪华装修和过高的场地租金。所有管理人员是在一个大房间里用玻璃打出隔断来办公。美方总裁与一位香港总监办公室各自仅有5平方米大小。这家拥有千名员工的商店只有3辆小轿车。商店严格规定不在这些与生产直接关系不大的地方乱花钱。沃尔玛有个规定，外出采购商品花销不可超过进货额的1%，结果出差人员住廉价酒店、步行是常有的事。深圳沃尔玛店迄今为止没有做过任何广告，他们的做法是，“价廉物美、方便、实惠”，靠顾客的口碑去传播声誉。在商店管理中，严格推行精兵简政的方针，由此沃尔玛开创50多年里一直保持了销售额与成本比的最低水平，国际零售界通行比例为5%，而沃尔玛仅2%。

2. 保证满意

“保证满意”是在沃尔玛商店中悬挂最多的标语之一，这是沃尔玛对顾客做出的承诺。也体现了沃尔玛的经营理念。

沃尔玛的经营哲学认为顾客永远第一，商店需要不断地了解顾客的需要，设身处地为顾客着想，最大程度地为顾客提供方便，沃尔玛把为顾客提供超一流的服务，摆在和天天平价同等重要的战略高度。

在零售行业，舒适的购物环境、优质周到的服务必然与较高的价格相联系，而价格低廉的折扣商店，顾客可以得到价格上的优惠，却往往无法享受到优质的服务。

而沃尔玛公司努力地将二者结合起来，做到在提供廉价商品的同时，保证顾客能享受到超值服务。

沃尔玛这样告诫第一天进店的新员工："顾客来到商店，是他们给我们付工资的。这样无论如何，我们都要好好对待顾客，永远要尽力帮助顾客，永远要走到你的顾客身边，问他们你是否能帮助他们。"

在沃尔玛商店，你还随时可以看到这样的标语："①顾客永远是对的。②顾客如有错误，请参见第一条。"

沃尔玛还宣称："我们争取做到每件商品都保证让你满意。如果不满意，可以一个月内退货，并拿回全部货款。"

纵观所有取得成功的企业，它们正是正确实施某一种基本竞争战略，取得了某种竞争优势，才得以在市场上占有一席之地。

而反观那些业绩平平、举步维艰的企业，它们通常是没有清晰竞争战略的"夹在中间者"，既控制不好成本，也没有什么经营特色，经常处于微利或亏损的边缘，像我国大部分国有企业就是这种情况。这类企业如果不尽早确定自己的竞争战略，创造出竞争优势，迟早要被市场所淘汰。

因此，尽快确定自己的基本竞争战略是一个企业取得竞争优势的关键，通常企业必须在三种基本竞争战略中做出抉择，毕竟像沃尔玛这样能够同时取得成本领先和标新立异的竞争优势是少数。因为成本领先和标新立异通常是相互抵触的，标新立异意味着增加成本，而降低成本则意味着牺牲歧异性，同时实施两种竞争战略，常常会使企业陷入"夹在中间"的危险。这一点，企业在实践中要特别注意。

思考与分析：

1. 沃尔玛的竞争战略的成功之处主要体现在哪些方面？
2. 沃尔玛的成功经验对我国连锁企业有何启示？

第5章

市场调查与市场预测

学习目标：☐ 了解市场调查和市场预测的含义；
☐ 明确市场调查和市场预测的内容；
☐ 掌握市场调查和市场预测的方法。

“春花”童装滞销

某市春花童装厂近几年沾尽了独生子女的光，生产销售连年稳定增长。谁料该厂李厂长这几天来却在为产品推销大伤脑筋。原来，年初该厂设计了一批童装新品种，有男童的香槟衫、迎春衫，女童的飞燕衫、如意衫等。借鉴成人服装的镶、拼、滚、切等工艺，在色彩和式样上体现了儿童的特点，活泼、雅致、漂亮。由于工艺比原来复杂，成本较高，价格比普通童装高出了80%以上，如一件香槟衫的售价在160元左右。为了摸清这批新产品的市场吸引力如何，在春节前夕厂里与百货商店联举办了“新颖童装迎春展销”，小批量投放市场十分成功，柜台边顾客拥挤，购买踊跃，一片赞誉声。许多商家主动上门订货。连续几天亲临柜台观察消费者反应的李厂长，看在眼里，喜在心上。不由想到，“现在都只有一个孩子，为了能把孩子打扮得漂漂亮亮的，谁不舍得花些钱？只要货色好，价格高些看来没问题。”他决心趁热打铁，尽快组织批量生产，及时抢占市场。

为了确定计划生产量，以便安排以后的月份生产，李厂长根据去年以来的月销售统计数，运用加权移动平均法，计算出以后月份预测数，考虑到这次展销会的热销场面，他决定生产能力的70%安排新品种，30%为老品种。二月份的产品很快就被订购完了。然而，现在已是四月初了，三月份的产品还没有落实销路。询问了几家老客商，他们反映有难处，原以为新品种童装十分好销，谁知二月份订购的那批货，卖了一个多月还未卖1/3，他们现在既没有能力也不愿意继续订购这类童装了。对市场上出现的近一百八十度的需求变化，李厂长感到十分纳闷。他弄不明白，这些新品种都经过试销，自己亲自参加市场调查和预测，为什么会事与愿违呢？

[思考]

(1)你认为春花童装厂产品滞销的问题出在哪里?

(2)为什么市场的实际发展状况,会与李厂长市场调查与预测的结论大相径庭?

第一节 市场调查

一、市场调查的概念

市场调查是指运用科学的方法和手段,对与企业营销活动有关的市场信息进行系统地搜集、记录、整理和分析的过程。市场调查包括调查设计、搜集资料、整理资料、分析资料和提出调查报告等工作内容,其目的是为企业的营销决策提供依据。

二、市场调查的作用

1. 了解消费者需求。通过对消费者消费行为、态度的研究,了解消费者对某种产品或服务的需求,使企业在进行产品开发、设计、改进时,能充分考虑消费者意见,最大程度满足消费者需求。

2. 了解市场竞争状况。通过了解竞争对手产品目前的价格、促销等策略,分析市场细分状况,寻找适合本企业发展的目标市场,准确地进行产品定位,从而知己知彼,在竞争中占据优势。

3. 评估、监测市场运营状况。企业营销管理者需要通过市场调查,获取市场经营状况的及时反馈,了解营销策略的执行情况,以便及时进行方案调整。

4. 发现市场空缺和市场机会。市场竞争环境下的企业,必须不断地寻找新的业务增长点,因而企业需要不断通过市场调查,获得消费者现实需求与理想需求的差距,分析市场空缺,准确把握市场机会。

三、市场调查的内容

1. 市场环境调查。市场环境包括政治环境、经济环境、人口环境、文化环境以及科学文化环境等。

2. 市场需求调查。这是市场调查的核心。其内容主要包括市场需求总量及构成、各细分市场及目标市场的需求、市场份额及其变化,其调查的重点在于以下两个方面:

(1)本行业市场潜量,即本行业在某个市场上可能达到的最大销售量。

(2)本企业销售潜量,即本企业的某种产品在市场上可能达到的最大销售量。

3. 竞争对手调查。通过调查可以识别市场中主要的现实竞争者和潜在竞争者,了解和掌握竞争对手的优劣势,为企业的营销决策提供依据。调查内容主要包括竞争对手产品的价格策略、销售渠道、促销策略以及产品的质量、性能特征等。

4. 消费者调查。主要包括：（1）消费者人文状况，包括人口数量、结构、文化特征等；（2）消费者收入状况，包括收入总量、支出总量和支出模式以及未来变化趋势等；（3）消费者的购买行为，包括为何购买、何时购买、何处购买、谁去购买、如何购买等。

除此之外，市场调查的内容还包括产品调查、广告调查以及销售渠道调查等内容。

课堂练习：

市场调查的核心内容是（　　）。

A. 市场环境调查　　B. 市场需求调查　　C. 竞争者调查　　D. 消费者调查

四、市场调查的方法

市场调查的方法很多，按照调查范围不同可以分为全面调查、抽样调查、重点调查、典型调查等；按调查方式不同可以分为询问法、观察法和实验法等。

（一）按调查范围分

1. 全面调查。也叫普查，即对于调查对象的总体单位所进行的一一调查，其优点是所取得的资料更全面，也比较准确，但工作量大，需要花费很多的人力、物力，调查周期也比较长，因而在市场调查中很少采用。

2. 非全面调查。非全面调查是指对调查对象的一部分单位进行的调查，具体包括：

（1）抽样调查。即从调查对象总体中抽取一部分个体组成样本，通过对样本进行调查来推断总体的情况。抽样调查的方法有很多，主要包括随机抽样、等距抽样、非随机抽样等。相对于全面调查，抽样调查更方便快捷、省时省力，是市场调查中常用的方法。

（2）典型调查。就是从调查总体中选出具有代表性的对象进行调查，并以此对总体作出推断。这种方法具有费用低、工作量小的优点。

（3）重点调查。是指在调查总体中选择一部分重点单位进行调查。优点是能在较短的时间内，花费较少的费用取得所需资料。

（二）按调查方式分

1. 询问法。询问法是由调查人员将事先拟订的调查项目或问题以某种方式向被调查者提出，要求给予答复，由此获得有关市场信息。此种方法在具体运用时又可分为面谈调查、电话调查和网上调查等。

（1）面谈调查：通过调查者与被调查者面对面地进行交谈来获取所需要的信息资料。可以采用个别访谈、小组座谈等不同的形式。它的主要优点是：当面听取被调查者的意见，有利于互相启发；对某些不清楚的问题可以由调查者当场解答，从而大大提高了信息资料的准确性和可靠性；自由交谈有利于就某些问题进行深入的了解。缺点是所花费的时间较长，调查费用较多，人们一般不愿参与。

（2）电话调查：由调查人员利用电话向被调查者进行询问调查。这种方法的优点是：节约时间、成本较低；缺点是：取得被调查者的合作较难；由于通话时间不宜过长，不能询问一些复杂的问题。

(3) 问卷调查：由调查人员将设计好的调查问卷发放或邮寄给被调查者，请被调查者填好后收回或寄回。这种调查方法的优点是调查范围广，费用较低；缺点是问卷的回收率较低，针对性也较差。

随着互联网的发展和普及，网络调查也越来越成为重要的调查方式。

2. 观察法。这种方法是由调查人员对调查对象进行直接观察、记录来获取信息资料。由于调查对象无法察觉正在被观察，所以其行为更真实、客观。但由于只能观察调查对象表面现象，很难了解其内在因果关系。运用这种方法通常需要借助于一些记录工具如摄像机等进行长时间的观察和记录。例如，在商品试销市场上，为了解消费者对某种新产品上市前后的反应就可以应用这种方法，由受过专门训练的调查人员和隐蔽的录像设备记录下有多少人走过售货架，多少人停下来观看、选择、购买或又重新放回货架，观察他们有什么表情和动作，通过长时间的记录观察和分析获取有价值的信息。观察法可分为现场观察、实际痕迹观察和比较观察等。

小案例

许多车主在驾车的过程中喜欢收听电台广播节目。美国一家销售汽车饰品的公司打算通过电台做商品推销广告。显然，如果在大多数汽车驾驶员喜欢收听的电台投放广告，会更具针对性，广告效果会更理想。但如何知道哪家电台更受驾驶员欢迎呢？市场调研机构派出调查人员到多家汽车修理厂，观察记录等待的修理汽车中车载收音机所停留的频率位置。通过大量观察记录，统计出最集中的几个频率波段，其对应的电台显然是驾驶员喜欢收听的电台。于是，这家公司取得了决策依据。

本案例中所运用的调查方法就是观察法。

3. 实验法。实验法是从影响调查问题的诸多因素中选取一两个因素，通过小规模的实验来观察企业营销方案的效果。例如，要了解产品包装改进的效应，就可以在其他因素如产品功能、外观设计、价格、销售地点等不变的条件下，只改变产品的包装来进行试验销售。根据包装改变前后销售量的变化对比，可以测试出包装的改变对销售量变动的影响。这种方法常用于价格、广告、包装等营销措施的市场效应调查。其优点是直观、有效；缺点是实验时间较长，成本较高。常用的实验法包括实验室实验法、销售区域实验法、模拟实验法等。

课堂练习：

某商场在商场的所有进出口安装摄像设备，用来观察记录顾客流量，以调查分析顾客在购买时间上的规律分布。这就是市场调查中的（　　）。

A. 询问法　　B. 观察法　　C. 实验法

五、调查问卷的设计

调查问卷是市场调查中常用的重要工具。在大多数市场调查中，都是由调查者依据调查目的拟订调查题目，以问卷的形式向被调查者进行调查。所以，调查问卷的设计直接关系到调查信息的准确可靠性以及调查目的的实现。调查问卷的设计没有统一的格式和程序，问题不同或调查方式不同，问卷的设计也有所不同。

（一）调查问卷的结构

调查问卷的结构一般有以下几个部分组成：

1. 被调查者的基本情况。包括被调查者的姓名、性别、年龄、职业、受教育程度等基本信息。

2. 调查内容。这是问卷中最主要的部分，由一系列具体调查项目组成。

3. 调查问卷填写说明。包括调查目的说明、项目含义、注意事项等。

4. 问卷编号。目的是有利于分类归档。

（二）调查问卷常用题型

1. 单项选择题。要求被调查者从事先拟订的两个答案中选择一个。例如：

你家有电动自行车吗？　　　有□　无□

这种题型的优点是：两个答案必选其一，答案明确。缺点是：不能表明意见程度上的差别。

2. 多项选择题。提出问题并事先拟订两个以上的答案，由被调查者从中选择一个或多个作为答案。例如：

你选购手机时主要关注的是：品牌□　价格□　服务□　外观□　功能□　性能□

这种题型的优点是被调查者回答简单，资料和结果也便于整理。但需注意答案的拟订既要包含所有的可能，又要避免过多和重复。

3. 自由回答题。提出问题而不提供备选答案，由被调查者自由回答。例如：

你希望某品牌手机在哪些方面需要进一步改进？

自由回答题的优点是可以获得较多较真实的信息，缺点是答案多种多样，不便于资料的汇集和整理。

4. 顺位题。在列出的若干答案中，由被调查者按照喜好和认识程度选择先后顺序。例如：

你选购手机时注重的主要条件依次是：

性能□　功能□　品牌□　价格□　服务□　外观□

顺位题的优点是简单明了，易于统计。但选定顺序的数目不宜过多，以免导致混乱。

课堂讨论：调查问卷的各种题型各自有什么优缺点？

（三）调查问卷设计应注意的事项

1. 必要性。所提问题应当是调查目的所需要的，与调查主题无关的问题不要列入。

2. 简明性。问卷中的问题及答案要简单明了，尽可能在被调查者经验和记忆范围内，易于理解和回答。

3. 准确性。要避免一般性和笼统性的提问。例如，你对××品牌手机是否满意？这样的问题会使被调查者感到无从回答，是性能、外观、价格？还是售后服务？正确的提问方式应该是：你对××品牌手机的售后服务是否满意？

4. 艺术性。提问要讲究艺术性、趣味性，避免枯燥。同时问卷的内容安排也要合理有序，比较容易回答的问题通常安排在问卷前面，相对复杂的问题安排在后面。

5. 时间性。在满足调查目的前提下，问卷全部内容安排不宜过多，以免被调查者感到需要花费很多时间而不愿配合。一般来说，回答全部问题以不超过 30 分钟为宜。

课堂讨论：调查问卷中的内容安排得越多越好吗？

第二节 市场预测

一、市场预测的概念

市场预测就是在市场调查研究的基础上，根据过去和现在的信息资料，运用科学方法和实践经验，对未来的市场需求变化作出分析和推断。市场预测是企业正确决策的重要条件。

二、市场预测的内容

1. 市场需求预测。即对未来某一时期市场中的用户和消费者对某种商品的需求量和企业销售潜量作出预测。

2. 产品销售预测。就是要预测企业所生产的各种产品的销售前景，如产品在品种、数量、质量、价格、利润等方面的变化趋势，推断产品在将来某一时期所处的生命周期等。

3. 市场占有率预测。市场占有率是指企业销售的某种产品在市场销售总量中所占的比重，是反映企业产品竞争能力的重要指标。市场占有率预测是要预测企业产品在市场竞争中的发展趋势。

课堂思考：为什么要进行市场预测？

三、市场预测的方法

市场预测可分为定性预测和定量预测。定性预测主要依靠预测人员的主观判断能力和经验作出分析预测；定量预测则是在掌握大量历史数据资料基础上，依靠建立和应用数学模型，通过计算进行预测。

（一）定性预测方法

定性预测的具体方法有很多，以下介绍三种常见的方法：

1. 经理人员评判法。它是由企业中主管业务的经理和有关部门的主管人员，就市场未来变化动态、产品销售量变动等发表各自的意见，作出分析判断，然后将所有意见加以综合，最后得出预测结果。这种方法不需要搜集大量的资料，也不需要复杂的计算，是一种简单、迅速、及时、经济的预测方法，但易受主观因素影响。这种方法适用于涉及方向性、战略性的市场预测。

2. 销售人员意见法。由于企业销售人员直接接触市场用户，对市场变化较为清楚，因此企业经常将基层销售人员召集起来，由他们根据自己对市场营销状况的了解和判断，提出预测意见，将这些意见加以综合作为预测结果，对决策有一定的参考价值。例如，某公司由四位经验丰富的销售人员对某商品下一季度的销售量进行预测，预测结果分别是 440 只、460 只、470 只和 500 只，则预测平均值为：(440 + 460 + 470 + 500) ÷ 4 ≈ 468（只），平均值 468 即为该商品下一季度预测销售量。

3. 专家意见法，也叫“德尔菲法”，是一种向有关专家征询预测意见的方法。其具体做法是，先将调查预测的项目和要求拟成提纲，然后将提纲和征询表格分别交给各专家组成员，并提供有关背景资料。专家们根据要求对所预测的问题独立提出个人的分析判断返回意见。组织者收到专家意见后，将其集中整理，根据各位专家的预测结果及其依据，列出经过加工后的新的调查提纲，再分送给各个专家进行第二轮征询，要求专家们补充、修改各自的预测结果并加以评论。依次反复进行若干次，直到专家们的意见趋于一致。最后根据专家们的最终意见，用中位数或加权平均数作为预测结果。

例如，7 位专家的预测值（由小到大排序）分别为：98、100、103、108、112、115、118，则：

中位项 = (项数 + 1) ÷ 2 = (7 + 1) ÷ 2 = 4

中位项 4 对应的值 108 为中位数，即是预测值。

如果上例中参与预测的专家为 8 人，第八位专家的预测值为 124，那么中位项为 (8 + 1) ÷ 2 = 4.5，此时取中间两项 108、112 的平均值为预测值：(108 + 112) ÷ 2 = 110。

课堂讨论：专家预测法的最大特点是什么？

（二）定量预测方法

定量预测主要依靠数学模型和数理统计方法，对各种资料进行分析，从而对市场变化趋势作出预测。该种方法适用于历史统计资料准确、完整，而且事物发展变化的客观趋势比较稳定的预测。定量预测的方法有很多，主要介绍以下几种方法：

1. 简单平均法。就是计算预测目标各个时期实际值的平均数，作为下期预测值的预测方法。计算公式如下：

$$y_t = \bar{x} = \frac{x_1 + x_2 + \cdots + x_{n-1} + x_n}{n} = \frac{\sum x}{n}$$

式中：y_t 为 t 期预测值；$\bar{x}$ 为算术平均数；n 为资料期数。

例如，某企业 1 ~ 7 月份某商品的销售量如表 5 - 1 所示，用简单平均法求 8 月份该商品的销售量。

表 5 - 1

月份	1	2	3	4	5	6	7
销售量	320	318	342	384	420	451	473

解：根据公式，8 月份的销售量为：

$$y_8 = \frac{320 + 318 + 342 + 384 + 420 + 451 + 473}{7} \approx 387 \text{（件）}$$

2. 季节比重法。有些商品的销售量受季节变动影响显著，这种由于季节影响而引起的销售量变动，具有一定的规律性。季节比重法就是通过找出代表季节变动规律的季节比重，预测销售量今后发展趋势的一种方法。

各季预测值 = 各季比重数 × 预测期总预测值

各季的比重数 = 历年各季合计数 ÷ 历年总合计数

例：某企业前 5 年各季某商品销售额资料如表 5 - 2 所示（单位：万元），预计本年全年销售额将比上年下降 5%，求本年各季销售额。

表 5 - 2

年　份	一季度	二季度	三季度	四季度
第一年	310	362	346	380
第二年	383	390	384	410
第三年	422	450	432	462
第四年	440	473	460	486
第五年	412	420	415	432

第一步：计算历年各季合计数、历年总合计数，见表 5 - 3 所示。

表 5 - 3

年　份	一季度	二季度	三季度	四季度	合　计
第一年	310	362	346	380	1 398
第二年	383	390	384	410	1 567
第三年	422	450	432	462	1 766
第四年	440	473	460	486	1 859
第五年	412	420	415	432	1 679
合　计	1 967	2 095	2 037	2 170	8 269

第二步：计算各季比重数：

第一季度比重：1 967 ÷ 8 269 = 23.79%

第二季度比重：2 095 ÷ 8 269 = 25.34%

第三季度比重：2 037 ÷ 8 269 = 24.63%

第四季度比重：2 170 ÷ 8 269 = 26.24%

本年全年销售额 = 1 679 × (1 - 5%) = 1 595.1（万元）

第三步：计算本年各季销售预测值：

第一季度：1 595.1 × 23.79% = 379.5（万元）

第二季度：1 595.1 × 25.34% = 404.2（万元）

第三季度：1 595.1 × 24.63% = 392.9（万元）

第四季度：1 595.1 × 26.24% = 418.6（万元）

3. 趋势外延法。这种方法是根据大量的历史数据拟合出变动趋势，再将这种趋势加以外延，以此得到预测值。直线方程是：

$$y_t = a + bx$$

式中：y_t 为预测值；x 为时间序数；a、b 为参数。

$$a=\frac{\sum y}{n},\qquad b=\frac{\sum xy}{x^2}$$

例：某企业某产品前七年的销售额资料如表5－4所示，采用趋势外延法预测第八年销售额。

表5－4 单位：万元

年份	第一年	第二年	第三年	第四年	第五年	第六年	第七年
销售额	59	62.2	66.7	71	76.2	82	86.5

计算步骤：

第一步：确定时间序数 x 以及相关数据，见表5－5所示。

表5－5

年 份	x	y	x^2	xy
第一年	－3	59	9	－177
第二年	－2	62.2	4	－124.4
第三年	－1	66.7	1	－66.7
第四年	0	71	0	0
第五年	1	76.2	1	76.2
第六年	2	82	4	164
第七年	3	86.5	9	259.5
合 计	0	503.6	28	131.6

第二步：计算 a、b 参数：

$$a=\frac{\sum y}{n}=503.6\div 7=71.94,\qquad b=\frac{\sum xy}{x^2}=131.6\div 28=4.7$$

第三步：建立直线方程式并计算预测值。

直线方程式：$y=71.94+4.7x$

依题意，本年时间序数应为4，即 $x=4$，则

$y=71.94+4.7\times 4=90.74$（万元）

该产品本年的销售额为90.74万元。

课后练习

一、单项选择题

1. 市场调查的核心内容是（　　）。

A. 市场环境调查　　B. 市场需求调查　　C. 竞争者调查　　D. 消费者调查

2. 从调查对象总体中抽取一部分个体组成样本，通过对样本进行调查来推及总体的情况。该调查方法是（　　）。

A. 全面调查　　B. 抽样调查　　C. 典型调查　　D. 重点调查

3. 从调查总体中选出具有代表性的对象进行调查，并以此对总体作出推断。该调查方法是（　　）。

A. 全面调查　　B. 抽样调查　　C. 典型调查　　D. 重点调查

4. 由调查人员将事先拟订的调查项目或问题以某种方式向被调查者提出，要求给予答复，由此获得有关市场信息。此种方法是（　　）。

A. 询问法　　B. 观察法　　C. 实验法　　D. 以上都不对

5. 由调查人员对调查对象进行直接观察、记录来获取信息资料。该方法是（　　）。

A. 询问法　　B. 观察法　　C. 实验法　　D. 以上都不对

6. 依靠预测人员的主观判断能力和经验作出分析预测，这种预测是（　　）。

A. 定性预测　　B. 定量预测　　C. 宏观预测　　D. 长期预测

7. 假设由 8 位专家进行产品销量预测，结果分别是 98、100、103、108、112、115、118、124，则最终预测值应是（　　）。

A. 108　　B. 110　　C. 112　　D. 115

8. 以下方法中，属于定量预测方法的是（　　）。

A. 销售人员意见法　　B. 销售经理意见法　　C. 专家预测法　　D. 趋势外延法

9. 以下方法中，属于定性预测方法的是（　　）。

A. 简单平均法　　B. 季节比重法　　C. 专家预测法　　D. 趋势外延法

10. 预测期在一年以上的预测是（　　）。

A. 宏观预测　　B. 微观预测　　C. 长期预测　　D. 短期预测

二、多项选择题

1. 市场调查的内容包括（　　　　）。

A. 市场环境调查　　B. 市场需求调查　　C. 竞争者调查　　D. 消费者调查

2. 按调查范围划分，市场调查可以分为（　　　　）。

A. 全面调查　　B. 抽样调查　　C. 典型调查　　D. 重点调查

3. 按调查方式划分，市场调查可以分为（　　　　）。

A. 询问法　　B. 实验法　　C. 观察法　　D. 专家法

4. 按性质划分，市场预测可以划分为（　　　　）。

A. 定性预测　　B. 宏观预测　　C. 定量预测　　D. 微观预测

5. 以下方法中，属于定性预测方法的是（　　　　）。

A. 销售人员意见法　　B. 销售经理意见法　　C. 专家预测法　　D. 趋势外延法

6. 以下方法中，属于定量预测方法的是（　　　　）。

A. 简单平均法　　B. 季节比重法　　C. 专家预测法　　D. 趋势外延法

三、判断题

1. 市场调查是企业预测未来的基础，是企业正确决策的前提。（　　）

2. 由于全面调查是对调查总体进行的一一调查，结果最准确可靠，所以是首选的调查方法。（　　）

3. 市场需求调查是市场调查的核心内容。（　　）

4. 市场调查有助于企业发现市场空缺和市场机会。（　　）

5. 抽样调查方便快捷、省时省力，是市场调查中常用的方法。（　　）

6. 调查问卷中的问题安排得越多，越有利于调查目的的实现。（　　）

7. 定性预测是凭借主观判断和经验作出的，因而预测结果不可靠。（　　）

8. 定量预测一定比定性预测准确可靠。（　　）

四、简答题

1. 什么是市场调查？市场调查有什么作用？

2. 市场调查的方法有哪些？

3. 什么是市场预测？定性预测方法有哪些？

五、计算题

某企业某产品近七年来的销售额资料如表5-6所示（单位：万元），请用趋势外延法预测第八年该产品的销售额。

表5-6

年份	第一年	第二年	第三年	第四年	第五年	第六年	第七年
销售额	21	26.5	32.1	38	44.2	58	64.5

六、案例分析

卡西欧公司的市场调查

日本卡西欧公司的产品长期以来以其质量优、技术新广受消费者欢迎，其成功的秘诀之一就是通过市场调查，不断了解和掌握消费者需求变化的特点和动向，运用新技术，不断向市场推出消费者喜爱的新产品。以卡西欧电子乐器产品为例，公司在其销售的产品包装内都附有一张销售调查卡，调查卡只有一张明信片大小，但设计细致、内容安排周密。调查卡的第一栏是对购买者的调查，其中包括年龄、性别、职业等；第二栏是对使用者的调查，使用者是购买者本人，还是其他家庭成员或是其他人；第三栏是对购买地点的调查，是商场、专业店还是互联网；第四栏是关于消费者获取产品信息渠道的调查，包括各类媒体广告、橱窗展示、家人或朋友的介绍等不同渠道选项；第五栏是关于购买动机的调查，包括功能齐全、音色优美、操作简单、造型美观、价格便宜等；第六栏是对消费者的使用感受调查，包括很满意、满意、不满意、很不满意等，并希望消费者提出有关产品和服务的意见和建议。

一张小小的调查卡，成为企业联系市场的信息渠道。卡西欧公司通过这种渠道，密切了解和把握着消费者的需求变化和特点，使企业的经营决策立于不败之地。

（资料来源：http：//www.btophr.com/s_ mfile/1254.shtml。）

思考与分析：卡西欧公司的市场调查有什么特点？

第6章

目标市场营销战略

学习目标：☐ 理解市场细分、目标市场及市场定位的含义
☐ 了解市场细分的方法和市场定位的程序
☐ 掌握市场细分的标准、目标市场策略、市场定位方法及策略

左撇子市场

美国阿里德拉公司致力于开发专供左撇子使用的产品。截至目前，已开发出来专供左撇子使用的产品包括剪刀、削铅笔器、左手开的冰箱、棒球用具、高尔夫球用具、左手玩的特制桥牌、开罐器、镰刀、锯子、手表、照相机、玩具手枪……

它的产品都是专门为左撇子而生产的，一般习惯于使用右手的人，当然不会去购买，不过，左撇子就不一样了。左撇子就爱使用适合自己的东西。

左撇子占人口总数约10%，不论怎么说都是一个相当有潜力的市场，阿里德拉公司就是看准了这个特殊市场值得开发，因此而大发利市，并成为闻名世界的企业。

[思考]

1. 阿里德拉公司为何开发左撇子市场，而不选择更大的右撇子市场？
2. 如何选择自己的目标市场？

第一节 市场细分

一、市场细分的含义

市场细分是指企业根据顾客需求的不同特性，把整体市场划分为若干个具有类似需求的子市场的过程。对企业而言，每一个子市场就是企业的一个细分市场，同一细分市场的需求具有相似性，不同细分市场之间的需求具有差异性。

市场细分的基础是顾客需求的差异性。由于受社会经济文化等因素的影响，不同类型的顾客需求呈现出多元化的特征，这为企业的市场细分提供了可能。同时，受资源条件和经营能力的限制，任何一个企业都不可能为市场中所有的顾客服务，而只能将整体市场加以适当限定，从中选择出最适合自身条件和能力的部分市场作为自己的服务对象。案例导读中，欧莱雅就是根据消费者收入和购买能力的不同，将化妆品市场进行细分，针对不同消费群体，分别提供高端产品赫莲娜和大众化产品美宝莲。

相关链接

“市场细分”一词是美国市场学家温德尔·史密斯（Wendell R. Smith）于 20 世纪 50 年代中期提出的。在理解这一概念时，应注意三个基本要点：（1）市场细分既不是市场分类，也不是产品分类，而是顾客分类；（2）市场细分的基础是顾客需求的差异性；（3）市场细分是一个聚集而不是分解的过程。

二、市场细分的意义

1. 有利于分析和发掘新的市场机会。通过市场细分，企业可以根据目前市场竞争状况，分析不同细分市场的需求情况和满足程度，发现那些未被满足的或未被充分满足的消费需求，从而发掘出新的市场机会。

2. 有利于提高企业经济效益。在企业经营资源有限的情况下，市场细分有利于集中企业的资源条件，充分发挥企业的资源优势，是提高企业经济效益的重要条件。

3. 有利于企业制定营销策略。市场细分以后，各个细分市场需求的特点更加显著，为企业正确制定营销策略提供了可靠的依据，企业制定的各项营销策略才会更具针对性、更加科学。

课堂讨论：说一说市场细分在市场营销中的必要性。

三、市场细分的依据与标准

（一）消费者市场细分的标准

消费者需求的差异性是细分市场的基本依据。影响消费者需求差异性的因素大致可以概括为四类：地理因素、人口因素、心理因素和行为因素。这些因素是企业进行市场细分的重要标准。每一类细分标准都包括许多具体的因素，由于这些因素是动态的，所以我们也把它们称为市场细分变数（表6－1）。这些变数的差异或不同变数的组合，就可以形成若干个细分市场。

表6－1　消费者市场细分变数

细分标准	具体变数
地理变数	区域、城乡、人口密度、气候环境、地形条件
人口变数	年龄、性别、职业、种族、宗教、收入、受教育程度
心理变数	生活方式、性格、兴趣、偏好
行为变数	购买时机、购买频率、品牌忠诚程度

1. 地理细分。就是以消费者所处的地理位置来细分市场。地理细分的主要依据是：处于不同地理区域的消费者各有不同的需求和偏好，对企业采取的营销策略也会产生不同的反应。

课堂讨论： 我国八大菜系的形成与地域有关吗？

2. 人口细分。即按照人口统计变量进行市场细分。人口变量是对消费者市场细分的一个十分重要的标准，因为消费者的欲望、偏好和使用频率往往与人口变数存在着一定的因果关系，而且人口变数比其他变数更容易测量。比如，服装、化妆品市场长期以来一直采用人口中的性别作为市场细分的基本标准。

日本化妆品公司资生堂经过细致的市场调查，发现年龄不同的日本女性对化妆品的需求呈现出显著的不同特点（表6－2），于是年龄就成为该公司对女性化妆品市场进行细分的重要标准。

表6－2

年龄	需求特点
15～17岁	追求时尚，以单一化妆品为主
18～24岁	积极消费，只要满意，不惜价格
25～34岁	使用化妆品成为日常习惯
35～44岁	单一品种，价格较高

3. 心理细分。就是按照消费者的心理因素进行市场细分。心理因素一般包括：生活方式、个性特征、社会阶层等。生活方式是指一个人对消费、工作和娱乐的特定习惯和倾向。人们追求的生活方式不同，对商品的需求和喜好也就不同，例如，生活俭朴与追求舒适这两种生活方式在购买商品方面差别很大。消费者个性不同，社会阶层（社会阶层取决于收入、职业和受教育程度）不同，在消费方面则会表现出不同的特点，反映在消费需求方面也是如此。

4. 行为细分。就是按照消费者购买和使用某种产品的时机、使用频率、追求利益以及对品牌的忠诚程度等行为特征来细分市场。例如，按照购买频率，可将消费者分为大量使用者、经常使用者、曾经使用者和潜在使用者等不同群体；按照品牌忠诚程度可以分为坚定忠诚者、转移忠诚者和经常转换者等不同群体。根据不同群体的不同需求特点和行为特征分别制定和采取相应的营销策略，就更具有针对性和有效性。

课堂讨论： 超市中为什么出售多种不同功效的牙膏？

（二）生产者市场的细分标准

许多用来细分消费者市场的细分标准，同样适用于生产者市场的细分。如地理因素、用户追求的利益、使用和购买频率、品牌忠诚程度等。但是，生产者市场细分还具有一些与消费者市场不同的特点，比如，生产者市场需求受心理因素影响极小。生产者市场细分标准一般可归纳为三类，如表6－3所示。

1. 按用户地理位置细分。每个国家和地区，由于资源分布、气候条件和历史传统等原因从而形成不同的产业分布特点，使得生产者市场比消费者市场更为集中。例如，我国以山西为中心的煤炭产业中心形成了煤矿机械设备的需求市场；以长江、珠江三角洲为中心的加工产业形成了各种原材料、能源的需求市场。按照用户地理位置细分市场，有利于选择那些用户集中的地区作为企业的目标市场。

表6－3 生产者市场的细分标准

细分标准	具体因素
地理位置	地区、气候、交通、集中程度等
用户规模	潜在购买能力、现实订货量、决策方式、购买用途等
用户类型	购买品种、追求利益、最终用户要求等

2. 按用户规模细分市场。用户的规模与其购买力成正比。市场中，大客户数量虽少，但其购买力却很强；小客户虽多，购买力却不大。因此，规模与购买力不同的产业用户自然地形成了不同的细分市场。

3. 按用户类型细分市场。在生产者市场中，不同类型的用户对同一种产品的品种、利益的最终要求是不一样的。例如，对于轮胎的需要，飞机制造企业与一般汽车制造企业显然是不一样的，飞机制造企业所需要的轮胎在技术性能、安全标准等方面比汽车制造企业要高的多，但价格也会高很多。因此，企业应将需求不同的客户视为不同的细分市场，并相应地运用不同的市场营销策略。

四、市场细分的方法

市场细分的方法有很多，常见的有以下几种：

（一）单一因素法

这种方法是指只按照某一个单一因素来细分市场。当影响某个市场需求的因素相对简单，主要表现为某一单一因素时，为简便起见，此时可以只按照该单一因素来细分市场。例如，按收入因素对家具市场细分，可以分为高、中、低档三个细分市场。这种细分方法简单明确，常用于服务市场的细分。

（二）多种因素法

这种方法是指按照两三个因素来细分市场。例如，经过市场调研分析，服装市场主要受性别、年龄和收入三个变量的制约，这时就需要同时按照这三个变量来细分服装市场。

（三）综合因素法

当影响某个市场需求的因素相对较多且复杂时，就需要按照多个因素来细分该市场。图6－1就是按照消费者的年龄、性别、收入、职业、受教育程度等综合因素进行的细分。

五、有效市场细分的条件

有效的细分市场，必须便于企业认识市场、发掘市场机会，并具有一定的实用价值。因此，有效的市场细分，必须满足以下条件：

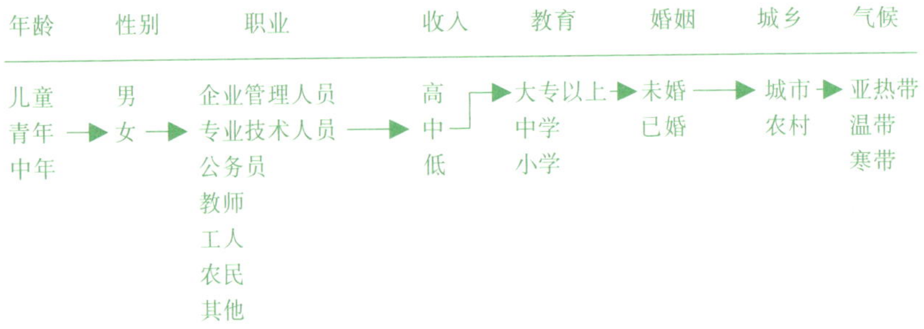

图 6－1

（一）可衡量性

经过细分后的各个细分市场必须具备某些方面的明显特征，不同的细分市场之间要有显著不同。同时，各个细分市场应有明确的消费对象，这些消费对象应具有共同需求特征，表现出类似的购买行为。这就要求企业必须准确、恰当地选择细分标准。

（二）可接近性

细分后的细分市场应是企业营销活动能够抵达的。有效的细分市场，必须是企业通过努力能够使产品进入并对顾客的态度和行为施加影响的市场。比如，有关产品信息和企业信息能够通过一定信息渠道传递给该市场的大多数消费者；产品实体能够通过一定的分销渠道送达该市场。否则，该市场细分对企业就没有价值。

（三）稳定性

市场细分的目的是确定企业的服务对象，即目标市场，因而细分后的细分市场在一定时期必须保持相对的稳定性，以便企业制定较长期的营销战略，从而有效地开拓目标市场。若市场变化过快必然导致企业经营风险的增大。

（四）效益性

细分后的细分市场应具有足够的规模，从而保证企业获得理想的效益。企业为开拓目标市场、满足目标市场需求，需要相当的成本投入，若市场潜量和购买力过小就不利于企业取得良好的经济效益。

课堂思考：市场细分所参照的标准越多，就越有利于企业经营吗？

第二节　目 标 市 场

一、目标市场的含义

所谓目标市场，就是企业在市场细分的基础上，结合企业自身的条件和一系列外部因素所确定的产品服务对象，即企业拟为之提供产品和服务的顾客群，也就是企业决定要进入的市场。例如，欧莱雅旗下的赫莲娜与兰蔻虽然同为高端产品，其定位仍有差异，兰蔻的定位人群比赫莲娜更年轻。“年轻的高收入女性消费群体”就是兰蔻的目标市场。

二、目标市场的选择

在选择目标市场时，企业需要确定目标市场的范围。目标市场过于狭窄，市场需求的适应能力弱，经营风险大；目标市场范围太宽，又会增加企业经营的复杂性，不利于提高企业经济效益。所以，企业应根据自身的经营目标，结合本企业的优势与外部环境的特点，选择适宜的目标市场范围。图6－2中横向是三个市场，即市场A、市场B和市场C；纵向是三种商品，即商品1、商品2和商品3，共分为九个细分市场。

	市场A	市场B	市场C
商品1	A1	B1	C1
商品2	A2	B2	C2
商品3	A3	B3	C3

图6－2 目标市场图

企业可以采用以下五种策略来确定目标市场范围。

（一）产品市场集中化

产品市场集中化指企业只生产某一特定产品，只为某一特定细分市场服务，即选择图示中A1至C3全部九个细分市场中的某一个细分市场，例如，其中的B1，这种类型目标单一，可以有针对性地满足某类顾客的需要，但经营风险较大。该策略适用于小型企业。

（二）市场集中化

市场集中化是指企业生产不同类型和规格的产品，满足某一固定顾客群体的需要，服务于同一细分市场，即选择图6－2中市场A至市场C中的某一类细分市场。例如，其中的市场A（包括A1、A2和A3三个细分市场）。该策略适用于市场垄断程度高的企业。

（三）产品专业化

产品专业化是指企业只生产某一种产品，去满足不同类型顾客群体的需要，服务于所有细分市场，即选择图6－2中商品1至商品3中的某一类商品。例如，其中的商品2（包括A2、B2和C2三种商品）。处于行业主导地位的企业通常采用这种策略。

（四）有选择的专业化

有选择的专业化是指企业有选择地生产不同类型的产品去满足不同顾客群体的需要，服务于若干细分市场，也就是从全部细分市场中选择几个作为目标市场，即选择图6－2中A1至C3全部九个细分市场中的某几个细分市场，例如，选择其中的A1、B2和C3三个细分市场。该策略适用于综合利用型企业。

（五）整体市场化

整体市场化是指企业为所有的顾客生产各种类型的产品，满足不同顾客群体的需要，服务于所有细分市场，即图6－2中A1至C3的全部九个细分市场。规模大、实力强的企业可以采用这种策略。

三、目标市场策略

企业可以选择的目标市场策略有以下三种：

（一）无差异市场营销策略

无差异市场营销策略是指企业以整个市场作为自己的服务对象，以一种产品，设计出单一的营销组合策略，吸引尽可能多的顾客。这种策略是建立在市场中所有的顾客对某种产品的需求都大致相同的基础上，在价格、渠道、促销等方面无需采用多种不同的组合策略。例如，消费品中的基本生活用品，如食盐、白糖等通常适用这种策略。美国可口可乐公司在20世纪60年代以前曾以单一的口味品种、单一的包装形式和统一的广告宣传长期行销世界市场。

优点：（1）产品单一，易于大批生产从而提高生产效率；（2）有助于创名牌，提高企业的声誉；（3）经营管理方式相对简单，节约营销费用。

缺点：（1）单一产品难以满足顾客的多样化需求，容易忽视有特定需求的市场机会；（2）容易受到竞争冲击，经营风险较大。

图6－3　无差异营销策略

无差异营销策略如图6－3所示。

（二）差异市场营销策略

差异市场营销策略是指企业将整个市场划分为若干个细分市场，从中选择两个或两个以上的细分市场作为自己的目标市场，为每个选定的细分市场提供不同的产品并设计不同的市场营销组合策略，分别满足不同细分市场的不同需求。例如，现在的美国可口可乐公司旗下的产品除了传统的可口可乐，还包括雪碧、芬达汽水、美汁源果粒橙以及冰露纯净水等多种饮料产品，从而占领了更多的细分市场。

优点：（1）争取更多的市场顾客，有利于扩大产品销售；（2）有利于提高企业产品的竞争能力；（3）企业同时在多个细分市场开展生产经营活动，可以在一定程度上降低经营风险。

缺点：（1）经营成本相对较大；（2）经营管理难度增加；（3）不利于企业核心竞争能力的提升。

差异营销策略如图6－4所示。

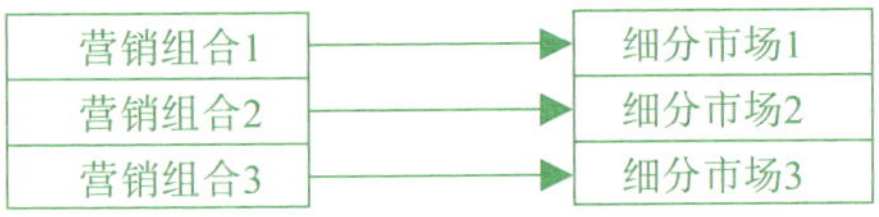

图6－4　差异营销策略

（三）集中市场营销策略

集中市场营销策略是指企业集中资源开发一种产品并相应设计一种营销组合，为一个或少数的几个细分市场服务。该策略的出发点在于：与其将企业有限的资源分散到各个细分市场，在各个细分市场占有较低的市场份额，不如将有限的资源集中于某一个或少数几个细分市场，从而占有较高甚至支配地位的市场份额。例如，天津一汽夏利公司长期只专注于小排量微型小汽车的生产，其旗下产品如“夏利”在微型车市场中具有很强的竞争能力，其全国销量连续多年位居销售榜前列。

优点：（1）有利于深入了解特定顾客群体的需求，提高产品的竞争能力，取得强势的市场地位；（2）专业化的生产经营有利于降低成本费用，取得较好的经济效益。

缺点：目标市场狭窄，经营风险较大。

集中营销策略如图6－5所示。

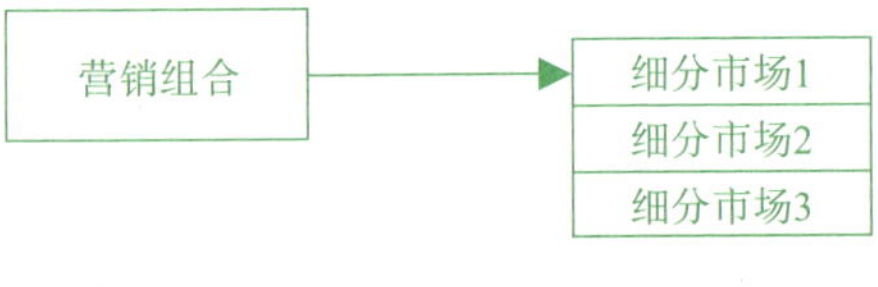

图6－5　集中营销策略

四、影响企业选择目标市场策略的因素

上述三种目标市场策略各有其优缺点，也各有其适应性，企业在决定采用何种策略时，应综合考虑企业资源、产品同质性、市场同质性、产品生命周期、竞争对手情况等多方面因素。

（一）企业资源

如果企业实力雄厚、资源充足，可以选择采用无差异市场营销策略和差异市场营销策略；如果企业实力较弱、资源有限，就无力顾及整个市场和多个细分市场，只能采用集中市场营销策略。

（二）产品同质性

产品同质性是指同类产品之间的相似性。同质性高的产品，比如，大米、食盐、煤炭等，由于顾客需求的选择性较低，宜采用无差异市场营销策略；对于同质性低的产品，由于顾客需求的选择性较强，则宜采用差异市场营销策略和集中市场营销策略。

（三）市场同质性

市场同质性是指市场顾客需求的相似性。同质性高的市场，由于顾客需求的相似程度很高，适宜采用无差异市场营销策略；同质性较低的市场，由于顾客需求表现出差异化与多样化，则适宜采用差异市场营销策略和集中市场营销策略。

（四）产品生命周期

产品所处的生命周期阶段不同，适用的目标市场策略也有所不同。导入期的产品，市场同类产品不多，竞争者较少，宜采用无差异市场营销策略；在产品的成长期和成熟期，由于市场顾客需求多样化，市场竞争日趋激烈，此时宜采用差异市场营销策略或集中市场营销策略。

（五）竞争者的策略

企业在决定目标市场策略时，还要依据市场竞争对手的策略。一般来讲，如果竞争对手实行无差异市场营销策略，企业则要采用差异市场营销策略；如果竞争对手实行差异市场营销策略，而且实力强大，企业就应采用集中市场营销策略，或进一步细分市场，实行更细致的差异市场营销策略。当然，如果竞争对手实力较弱，企业可采用与竞争对手相同的策略。

课堂练习：

某服装企业只生产中学生穿的校服，这种目标市场策略是（　　）。

A. 无差异市场营销策略　　B. 差异市场营销策略　　C. 集中市场营销策略

第三节　市场定位

一、市场定位的含义

市场定位，是指企业根据目标市场的竞争状况和自身的资源条件，规划和确定本企业及其产品在目标市场中相对于竞争对手的位置和形象。市场定位的实质是通过强化和放大企业及其产品中某些对顾客有意义的因素，使之形成鲜明的个性，塑造与众不同的特定形象，从而在市场竞争中获得更有利的地位和优势。例如，“宝马”汽车定位于“优良的操控所带来的驾驶乐趣”，而“沃尔沃”汽车则定位于“最安全”。

二、市场定位的程序

（一）识别和确定竞争优势

市场定位就是要通过塑造鲜明的产品形象取得竞争优势。企业可能的竞争优势有很多，包括产品的性能、功能、质量水平、技术水平、价格水平以及服务水平等，这也是企业实施产品市场定位的依据。企业首先要识别自身的优势所在以确定市场定位的依据。

（二）分析竞争对手的市场定位状况

市场定位是企业及其产品在目标市场中相对于竞争对手的位置和形象，所以企业在决定自己的定位时，要了解和分析目标市场中竞争对手的定位状况，为本企业制定市场定位策略提供依据。

（三）决定并传播本企业的市场定位

在分析目标市场需求特点以及竞争对手的市场定位状况的基础上，企业结合自身潜在的竞争优势来确定自己的市场定位，并向市场准确地传递定位信息，强化企业及其产品的特性与优势，塑造企业产品鲜明的个性形象。

三、市场定位的方法与策略

（一）市场定位的方法

企业市场定位方法主要有以下几种。

1. 产品属性定位法：产品属性包括产品的性能、功能等，也包括与产品有关的产地、原材料以及生产技术和工艺。产品属性与产品品质密切相关，因而影响人们的购买行为。例如，人们喜爱“四川榨菜”，实际上反映了消费者对于产品的产地、原料以及独特的制作工艺和悠久的历史传统等产品属性的认知和肯定。

2. 产品效用定位法：同样的产品，其功效会有所不同，企业可以根据产品的特定功效实现其市场定位。例如，“中华健齿白”牙膏强调的是“美白”功效，“冷酸灵”牙膏则突出“抗过敏”。二者功效不同，市场定位也不一样。

3. 产品形式定位法：产品形式包括产品的外型设计、色彩、包装等属性。用途与功能相同的产品，如果产品形式不同，对于购买者来说可能就是两种不同的产品，因而，产品形式成为市场定位的重要依据。例如，奇瑞 QQ 定位于“年轻一代的第一辆车”，在产品外型设计上就要时尚新潮、色彩艳丽，突出俏皮可爱的形象特征。

4. 比附定位法：比附定位法是以实力强大的主要竞争者为参照物，通过依附竞争者来实施定位，目的是将自己与市场声誉高、实力强的竞争品牌联系起来，借助知名品牌迅速提高自身品牌的价值与知名度。例如，创业之初的“蒙牛”提出了“创内蒙乳业第二品牌”，通过依附于知名品牌老大“伊利”，迅速提高自身的品牌价值和知名度。

5. 文化定位法：就是为产品注入文化内涵，形成品牌间的文化差异。文化定位不仅可以提高品牌的品位，而且有利于形成独具特色的品牌形象，例如，“同仁堂”、“全聚德”等，这些知名品牌无不包含有丰厚的文化内涵。

除此之外，市场定位还包括类别定位、情感定位、利益定位等不同的方法。需要指出的是，企业实际决策时往往并不是采用单一的方法，而是结合目标市场需求特点、市场竞争状况以及企业自身条件，综合各种因素和手段，确定最佳的市场定位。

小案例

美国箭牌糖类有限公司（Wm. Wrigley Jr. Company）是糖果业界公认的领导者之一，其生产的“箭牌”口香糖共有四种不同的口味供选择：绿箭薄荷香型、白剑兰花香型、黄剑鲜果香型、红箭玉桂香型。四种不同口味的口香糖被定位于不同的市场消费对象，并通过广告将这种定位传达给消费者。例如，绿箭是“清新之箭”，以其清雅的口味，令人感觉清新爽快；红箭是“热情之箭”，以其独特的口味，使你热情似火；黄剑是“友谊之箭”，使你与他人迅速缩短距离，打开双方的心扉；白箭则是“健康之箭”，用嚼口香糖来“运动你的脸”！

（资料来源：李纪军：《市场营销实务》，清华大学出版社 2009 年版。）

（二）市场定位策略

下面通过举例说明企业的市场定位策略。

假设某电视机生产企业选定“37 英寸液晶彩电”这一细分市场作为自己的目标市场之一。经过全面深入的市场调研分析发现，影响该细分市场消费者购买的主要因素分别是电视机的质量和价格，质量和价格就成为该企业产品市场定位的依据。假如目前该细分市场中有 A、B、C 三家主要竞争对手，其产品市场定位状况如图 6－6 所示，此时，该企业可以选择的市场定位策略有两种：

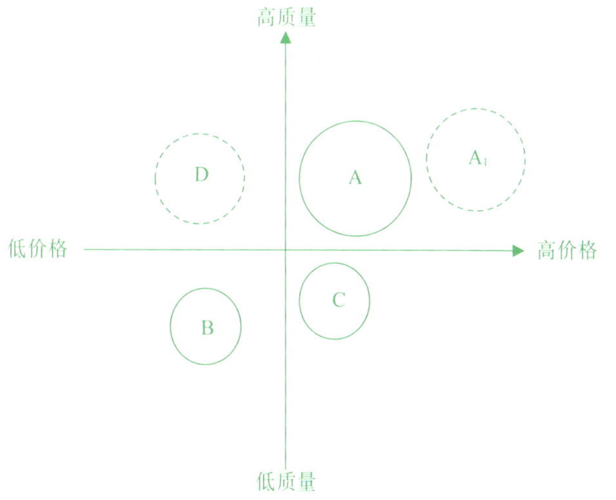

图 6－6　市场定位

1. 迎头定位策略：这种策略是把企业的产品设定在与竞争者相似的位置，比如图 6－6 中的第一象限中的 A 附近（A_1），即同样生产高质量、高价格的产品，与竞争者 A 展开直接竞争。采用这种策略，企业必须具备以下条件：（1）产品质量比竞争者更好；（2）市场容量大，足以吸引两个竞争者的产品；（3）比竞争者拥有更多的资源和更强大的实力。

2. 避强定位策略：这种策略是不与竞争者直接冲突，而是寻求市场空缺。比如，可以定位于图 6－6 中第二象限（D），即生产高质量、低价位的产品。采用这种策略的企业必须具备如下条件：（1）具备生产高质量产品的能力；（2）采用低价销售产品，仍然能够赢利；（3）能够使消费者相信：价格虽低，质量不低。

企业的市场定位策略最终要通过具体的营销组合要素来体现，企业的市场营销组合是为定位策略服务的，产品、价格、分销和促销的设计，实质上是对市场定位策略战术细节的具体规划。所以，企业要针对目标市场的需求特点和竞争状况，结合自身的资源条件，制定出科学的市场定位策略。

小案例

蒙牛创立之初，面对实力远远强于自己的乳业老大伊利，并没有采用直接碰撞的竞争策略，而是将自己定位于“老二”的位置，提出了“创内蒙乳业第二品牌”的口号，甚至在其冰淇淋的包装上打上“为民族工业争气，向伊利学习”的字样。这样既避免了与实力强大的伊利正面竞争，为自己站稳市场赢得机会，又将自己与家喻户晓的“第一”——伊利联系在一起。凭借成功的定位战略，蒙牛在短时间内迅速崛起，成为国内乳业市场中的又一著名品牌。

（资料来源：http：//woerlecm. blog. 163. com。）

课后练习

一、单项选择题

1. 按收入、职业因素对服装市场进行细分，这种细分是（　　）。
   A. 地理细分　　B. 人口细分
   C. 心理细分　　D. 行为细分
2. 在所有细分标准中，相对稳定的因素是（　　）。
   A. 地理变数　　B. 人口变数
   C. 心理变数　　D. 行为变数
3. 天然气公司将天然气供应给千家万户，其目标市场策略是（　　）。
   A. 无差异营销策略　　B. 差异营销策略
   C. 集中营销策略　　D. 以上都不对
4. 实力弱、资源有限的企业适用的目标市场策略是（　　）。
   A. 无差异营销策略　　B. 差异营销策略
   C. 集中营销策略　　D. 以上都不适用
5. 同质性高的基本生活用品适用的目标市场策略是（　　）。
   A. 无差异营销策略　　B. 差异营销策略
   C. 集中营销策略　　D. 以上都不适用
6. 消费者需求差异显著的产品适用的目标市场策略是（　　）。
   A. 无差异营销策略　　B. 差异营销策略
   C. 集中营销策略　　D. 以上都不适用
7. 导入期的产品一般宜采用（　　）。
   A. 无差异营销策略　　B. 差异营销策略
   C. 集中营销策略　　D. 以上都不适用
8. 企业只生产某一特定产品，只为某一特定细分市场服务，这是（　　）。
   A. 市场集中化　　B. 产品市场集中化
   C. 产品专业化　　D. 有选择的专业化

9. 企业只生产某一种产品，去满足不同类型顾客群体的需要，服务于所有细分市场，这是（　　）。

A. 市场集中化　　B. 产品市场集中化

C. 产品专业化　　D. 有选择的专业化

10. 企业生产不同类型和规格的产品，满足某一固定顾客群体的需要，服务于同一细分市场，这是（　　）。

A. 市场集中化　　B. 产品市场集中化

C. 产品专业化　　D. 有选择的专业化

二、多项选择题

1. 以下细分因素中，哪些是人口因素？（　　）

A. 气候　　B. 年龄

C. 受教育程度　　D. 个性

2. 影响目标市场选择的因素有（　　）。

A. 企业资源　　B. 产品同质性

C. 市场同质性　　D. 产品生命周期

3. 有效市场细分的条件包括（　　）。

A. 可衡量性　　B. 可接近性

C. 稳定性　　D. 效益性

4. 目标市场选择的方式有（　　）。

A. 市场集中化　　B. 产品市场集中化

C. 产品专业化　　D. 有选择的专业化

5. 企业可选择的市场定位策略有（　　）。

A. 迎头策略　　B. 避强策略

C. 差异策略　　D. 集中策略

三、判断题

1. 顾客需求的差异性构成了市场细分的基础。（　　）

2. 所有用来细分消费者市场的细分标准都不能用于生产者市场的细分。（　　）

3. 市场细分是确定目标市场的基础和前提，确定目标市场是市场细分的最终目的。（　　）

4. 市场集中化就是企业只生产某一种产品，去满足不同类型顾客群体的需要，服务于所有细分市场。（　　）

5. 细分后的细分市场在一定时期必须保持相对的稳定性。（　　）

6. 目标市场就是企业所确定的产品服务对象。（　　）

7. 同质性高的产品，宜采用无差异市场营销策略。（　　）

8. 如果企业实力雄厚、资源充足，可以选择采用无差异市场营销策略和差异市场营销策略。（　　）

9. 市场定位就是决定企业的服务对象。（　　）

10. 企业的市场定位策略与其制定的营销组合无关。 （ ）

四、简答题

1. 什么是市场细分？消费者市场的细分标准有哪些？
2. 什么是目标市场？目标市场策略有哪些？
3. 影响企业选择目标市场策略的因素有哪些？
4. 什么是市场定位？市场定位策略有哪些？

五、案例分析

奇瑞 QQ："年轻人的第一辆车"

"奇瑞 QQ 卖疯了！"在北京亚运村汽车交易市场 2003 年 9 月 8 日至 14 日的单一品牌每周销售量排行榜上，奇瑞 QQ 以 227 辆的绝对优势荣登榜首！奇瑞 QQ 能在这么短的时间内拔得头筹，归结为一句话：这车太酷了。在全国各大中城市街头到处可见"奇瑞 QQ"的靓丽身影，虽然只是 4 万~5 万元的小车，但是"奇瑞 QQ"那靓丽的颜色、玲珑的身段、俏皮的大眼睛、邻家女孩般可人的笑脸，在滚滚车流中是那么显眼，仿佛街道就是她一个人表演的 T 型台！

随着中国开始迈入汽车社会的门槛，世界各大汽车巨头开始在中国合资建厂，轿车市场竞争日趋激烈，起点低、技术薄弱的民族汽车工业举步维艰。如何在众多实力雄厚的竞争对手的夹缝中生存和发展，成为民族汽车品牌亟待解决的问题。在这种情况下，奇瑞汽车公司经过认真的市场调查，选择微型轿车打入市场。

奇瑞公司在调查分析中发现，刚刚参加工作的年轻人具有强烈的购车欲望，但由于购买能力较低，只能接受价格低廉的微型车。于是，奇瑞公司专门针对追求时尚的年轻一代，精心打造出一款微型轿车，取名"QQ"。奇瑞 QQ 定位于"年轻人的第一辆车"，目标顾客是收入不高但有知识、有品味的年轻人，售价只有 4 万~5 万元，一般大学毕业两三年的年轻人都是 QQ 的潜在客户。针对年轻人追求时尚的特点，QQ 的外形设计时尚新潮，色彩靓丽，突出俏皮可爱的卡通形象特征。内饰配置方面，为了吸引年轻人，奇瑞 QQ 除了轿车应有的配置以外，还装载了独有的"I－say"数码听系统，"I－say"数码听是奇瑞公司为用户专门开发的一款车载数码装备，集文本朗读、MP3 播放、U 盘存储等多种时尚数码功能于一身，让 QQ 与电脑和互联网紧密相连，成为了"会说话的 QQ"，完全迎合了网络年轻一代的需要。

在 QQ 的市场推广过程中，奇瑞公司投入了立体化的整合传播，以大型互动活动为主线，具体的活动包括 QQ 价格网络竞猜、QQ 秀个性装饰大赛、QQ 网络 Flash 大赛等，并提出了"年轻人的第一辆车"及"秀我本色"等富有判断性的广告语，与目标消费群体产生了强烈的共鸣。奇瑞 QQ 自 2003 年 5 月推出以后，市场的反应强烈，产品供不应求，成为微型轿车市场的佼佼者。

（资料来源：http：//www. sino－manager. com/20091021_ 9153_ p3. html。）

思考与分析：

1. 奇瑞 QQ 对市场细分时采用了哪些细分标准？
2. 奇瑞 QQ 的目标顾客是哪些消费者？采用了什么目标市场策略？
3. 奇瑞 QQ 是如何进行市场定位的？

第7章

产品策略

学习目标：□ 掌握产品整体概念，明确产品整体概念的五层含义
□ 掌握产品组合的相关概念及产品组合策略
□ 明确产品生命周期概念，掌握产品生命周期各阶段的特征与营销策略
□ 明确市场营销学中的新产品含义，理解新产品开发的程序和新产品推广策略
□ 明确品牌、商标、包装的含义和作用，掌握品牌和包装策略

咖啡的价格

当咖啡被当作普通的产品卖时，一磅可卖300元；当咖啡被包装为商品时，一杯就可以卖一二十块钱；当其加入了服务，在咖啡店中出售，一杯最少要几十块至100块；但如能让咖啡成为一种香醇与美好的体验，一杯就可以卖到上百块甚至是好几百块钱。

［思考］

同样是咖啡，当销售方式发生变化时，其价格为什么竟然有如此大的差别，它说明了什么？

第一节 产品整体概念和产品组合

一、产品整体概念和层次

（一）产品概念

1. 狭义产品概念。产品是一种通过人类劳动且具有特定的物质形态和用途的物体，如

电视、电脑、汽车等。商品是指用来交换的劳动产品。

课堂讨论： 自然物品 = 产品 = 商品？

2. 现代营销产品整体概念（广义产品概念）。是指能够由营销人员提供给市场的，可以被顾客注意、了解、获得、使用或消费，满足顾客某种欲望或需求的一切东西，包括有形产品（实物）、无形的服务和人员、组织、场所、设计和方案或它们的组合，以向消费者提供整体效用，满足消费者的整体需求。

小案例

日本人的“地点产品”概念

日本兵库县的丹波村，交通很不方便，村子很穷，没有什么特产。为使村子富起来，村上的人请很有经验的井坂强毅先生做顾问。井坂先生考虑要使村子富裕，就得想办法使之商品化。井坂绞尽脑汁，突然灵机一动：如今在物质文明中生活的现代人，厌倦了大城市的喧嚣，对“原始”生活有尝试的兴趣，因而说服村上人筑屋而居。很快有消息传开，许多城里人争相来观光，体会原始生活方式的意境。随着观光人数的剧增，村子的收入增加，也盖起了漂亮的餐厅、旅馆、公路等，但观光人数反而减少了，因为它正在失去原有的特色。

（二）产品整体概念的五层含义

产品整体概念的五层含义包括：核心产品、实体产品、附加产品、期望产品和潜在产品（见图 7 – 1）。

以旅馆业为例，低收入房客只想要能够休息和睡眠的核心产品；进一步的要求是安全、卫生、安静的居住条件；中等收入的房客还期望提供休闲、娱乐等附加产品；高收入者要住五星级酒店以得到象征身份的期望产品；更高收入的客人甚至希望提供鲜花、贴身服务等潜在产品。

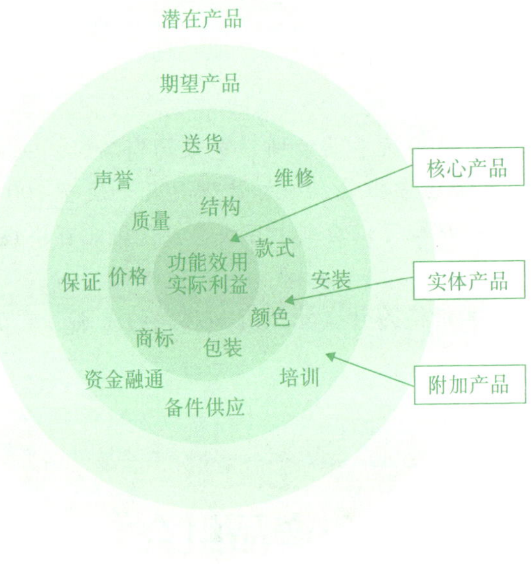

图 7 – 1　产品整体概念的五层含义

1. 核心产品。是整个产品的核心部分，也叫产品的核心层，指产品给消费者带来的基本效用、功能或实际利益。

消费者购买产品并不是为了占有或获得产品本身，而是为了获得能满足某种需要的效用和利益。核心利益是产品交换的基础，例如顾客购买洗衣机是为了获取“替代人工洗净衣物”这一核心利益，人们购买化妆品是希望保护肌肤、获取美丽、增加魅力等利益。

2. 形式产品。是产品的基本形态，也叫有形产品、实体产品。指消费者通过自己的感官可以接触到、感觉到的有形部分，它是核心产品借以实现的形式。

形式产品包括：产品结构、形态、形状、式样、质量、包装、品牌、商标、设计、风格、颜色等。

3. 附加产品（产品的附加利益）。是产品意义的延伸，也叫延伸产品、引申产品。指购买者在购买产品时所获得的全部附加服务和利益。

附加产品包括：提供贷款、免费送货、维修、保证、安装、技术指导、技术培训、售后服务等。

4. 期望产品。是顾客购买商品时期望得到的与产品密切相关的一组属性和条件。如顾客入住宾馆期望更清洁、更温馨、更舒适、更安静，能提供电话、能上网等。

5. 潜在产品。是指现有产品包括所有附加产品在内的，最终可能成为未来最终产品的潜在状态的产品。即通过额外的优惠和好处，使消费者产生一种出乎意料的惊喜。例如中秋顾客入住，宾馆若赠送一盒月饼和一盘水果，让顾客在中秋之夜享受节日的气氛，顾客就会有超过预期的满意。

（三）整体产品概念对企业营销的实际意义

1. 体现了以消费者为中心的营销观念。明确了产品是出现在市场上的可能引起注意、购买、使用或消费的任何东西。提出服务也是产品的一部分，不能视为额外负担。

2. 建立完整的产品概念。使企业认识到消费者接受产品过程中的满足程度，既取决于五个层次中的每一层的状况，也取决于产品整体组合效果。

3. 明确产品与企业营销策略之间的关系。各个层次以及各个层次中组成要素的营销策略及其重点都是不同的。

4. 指出产品的特征，拓宽发展新产品的领域。改变产品统一体中的任何部分，都会在顾客心目中形成不同的产品印象。

二、产品组合的概念

（一）产品组合及其相关概念

1. **产品组合：**是指一个企业提供给市场的全部产品线和产品项目的组合或结构，即企业的业务经营范围。

2. **产品线：**即产品大类，是指一组密切相关的产品。而产品线又由不同的产品项目构成。

所谓相关，是指这些产品能满足同种需要；或必须在一起使用；或售给同类顾客；或通过统一的销售渠道出售；或同属于某种特定的价格范围。如：日本电器公司的产品线有通讯产品、计算机产品等；海尔公司的产品线有冰箱、洗衣机、空调、电视等。

3. **产品项目：**指某一产品大类中的不同型号、式样、颜色、形状和价格的具体产品。如：某摄影用品公司经营相机、摄影器材、冲洗药品等三条产品线，其中，在照相机产品线中，有海鸥 DF 相机这一产品项目。

（二）产品组合的宽度、长度、深度和相关性

1. **产品组合宽度**（也称广度）：指一个企业生产或制造的产品有多少产品大类即产品线数目。

例如，某文具公司生产有：（1）曲别针、大头针、订书钉；（2）铅笔刀和刀片；（3）钢笔、圆珠笔、水笔和铅笔等 9 个产品项目 3 条产品线，则产品组合的广度是 3。

2. **产品组合深度**：每条产品线中所包含的产品项目的数量。即产品大类中产品花色品种规格的数量。一般用平均数分析。如文具公司生产曲别针、大头针、订书钉，铅笔刀和刀片，钢笔、圆珠笔、水笔和铅笔等共9个产品项目3条产品线，则产品组合平均深度为9÷3=3。

3. **产品组合长度**：某企业产品组合中各产品线所包含的产品项目总数。如文具公司产品组合的长度是9。

4. **产品组合的相关度**：即一个企业的各产品线在最终用途、生产条件、分销渠道或者其他方面相互关联的程度。如文具公司生产的产品最终用途都属于文具用品，所以公司产品组合的相关度较强。

课堂练习：

表7－1中宝洁公司产品组合的广度（产品线）、长度、平均深度各为多少？产品组合的相关度如何？

提示：宝洁公司的产品都是通过同样的分销渠道出售给消费者的，从这个角度说该公司的产品线具有关联性；从各个产品对消费者的用途不一样而言，该公司产品又缺乏相互关联性。

表7－1　　宝洁公司的产品组合

	广度				
	清洁	牙膏	条状肥皂	纸尿布	纸巾
深度	象牙 德来夫特 汰渍 快乐 奥克雪多 德希 波尔德 圭尼 伊拉 索洛	格利 佳洁士 登奎尔	象牙 柯克斯 洗污 洁美 香味 保洁净 海岸	帮宝适 露肤	媚人 白云 粉扑 旗帜

（三）合理确定企业产品组合的宽度、长度、深度和相关度的意义

1. 增加产品组合的宽度。增加产品线数目，扩大经营范围（如增加产品大类、跨行业经营、多角化经营），可充分发挥企业特长，充分利用技术资源，分散经营风险，但同时增加了企业投资，增加了经营的复杂程度。

2. 增加产品组合的长度和深度。增加产品项目、花色、式样、规格，扩大顾客的挑选余地，可迎合消费者的不同需要和爱好，招引顾客，增强企业市场地位。

3. 增强产品组合的关联性。各大类产品在最终用途、生产条件和分销渠道上的密切关联，可提高企业在一个地区和行业的声誉，提高企业竞争力，巩固市场地位，但同时增加了市场需求波动的影响，增加了经营风险。

三、产品组合策略

（一）扩大产品组合策略

扩大产品组合策略包括拓展产品组合宽度和加强产品组合深度。

1. 拓展产品组合宽度。这是指在原产品组合中增加产品线，扩大经营范围。采取这种策略的原因是为了满足多种需求，增加销售额，获取更多利润；利用过剩的生产经营能力；使商品线完整化；阻止竞争者利用产品项目空缺进入市场。

2. 加强产品组合深度。在原产品线内增加新产品项目，增加产品的造型、色彩、包装，满足更多和更细小的子市场需求。采取这种策略的原因是满足同种产品未能满足的需求；占领同种产品未能占领的细分市场。

海尔集团先后增加了计算机产品线、手机生产线、电动剃须刀产品线等，在2003年2月又宣布进入电动玩具领域。

（二）缩减产品组合策略（产品线简化策略）

该策略是从产品组合中剔除获利小或不获利的产品线或产品品目，使企业集中力量发展获利多的产品线和产品项目。

采取这种策略的原因有：产品项目进入了衰退期，市场寿命无法延长，或延长没有意义；市场需求不景气；原料能源紧缺；缺乏足够的生产经营能力。

1999年，联合利华宣布将品牌从1 600个缩减到600个，精力集中在400个全球和区域核心品牌上，而这些品牌的收益占到公司全球270亿美元总收益的90%。

（三）产品线延伸策略

产品线延伸策略是指全部或部分地改变企业原有的产品市场定位。具体有向下延伸、向上延伸和双向延伸三种实现方式。

1. 向下延伸（低档产品策略）。是在高档产品线中增加低档产品项目，产品组合向大众化发展。

采取这种策略的原因有：高档产品销售增长缓慢；需要用低档产品反击高档产品的激烈竞争；填补市场空隙，防止竞争者进入。采取这种策略也存在风险，如可能影响原企业形象和品牌形象，所以宜采用新商标；可能会激怒低档产品企业，导致其向高档产品进攻；利润较少，经销商不愿意经销。

2. 向上延伸（高档产品策略）。是指企业在原有的产品线内增加生产高档产品项目，产品组合向高档化、名优化发展。

采取这种策略的原因有：高档产品畅销、销售增长快，利润率高；高档产品市场竞争较弱；企业想成为生产种类全面的企业。采取这种策略也要承担一定的风险，如可能引起高档产品竞争对手的抵抗；引起竞争对手反向进攻，高档产品进入低档产品市场；未来顾客怀疑企业生产高档产品的能力；销售代理商和经销商没有能力经营高档产品。

丰田公司最初进入美国市场时仅提供中档产品，在取得成功后逐步进入高档车市场，佳美即是其高档车的经典产品。

3. 双向延伸。原定位于中档产品，决定向产品的上下两个方向延伸，一方面增加高档产品的生产，另一方面增加低档产品的生产。采取这种策略在一定条件下有助于加强企业的市场地位。

（四）产品差异化策略

产品差异化策略是指企业以某种方式改变那些基本相同的产品，以使消费者相信这些产品存在差异而产生不同的偏好。

采取产品差异化途径有：（1）开发设计方面形成的质量式样造型差异；（2）地理位置形成的运输成本和便利性差异；（3）促销推销形成的印象和偏好的差异；（4）服务方面形成的满足感差异。

（五）产品线现代化策略

产品线现代化策略是指通过设备和技术更新，改变产品品质和操作方式。

1. 逐步现代化策略。采取这种策略可以节省资金消耗，但竞争者容易觉察。

2. 快速现代化策略。采取这种策略耗费资金多，但容易击败竞争者。

第二节　产品生命周期

课堂讨论：

十年前市场上有得卖，现在极少甚至不存在的产品有哪些？

十年前在市场上出现，现在仍然存在且畅销的产品有哪些？

最近两年出现，现在越来越畅销的产品有哪些？

一、产品生命周期概念

产品生命周期，也称产品市场生命周期，或产品经济寿命周期，指某种产品从进入市场开始到被淘汰退出市场为止所经历的全部时间过程。如脚踏缝纫机从最初上市→畅销→饱和→无人问津→最后退出市场这些过程所经过的时间。

产品的生命是有限的。与产品有关的生命周期有三类：

1. 自然生命周期。又称使用生命周期，是指产品在使用过程中消耗、磨损和报废的过程。有些产品是一次性使用的，有些产品是长期重复使用的。

2. 技术寿命周期。是指产品由于新技术、新工艺、新产品的出现而被替代和淘汰的现象。它与产品创新有密切联系。由于技术进步迅速，使得技术类产品的技术磨损增大，其中IT产品最为典型。

3. 产品生命周期。是指产品的市场寿命周期，这是最常用的概念，也是本节讨论的重点。

课堂讨论：产品的使用寿命、技术寿命、经济寿命孰长孰短？请举例说明。

二、产品生命周期各阶段基本特征与营销策略

产品生命周期一般分为四个阶段：导入期、成长期、成熟期和衰退期（见图7－2）。

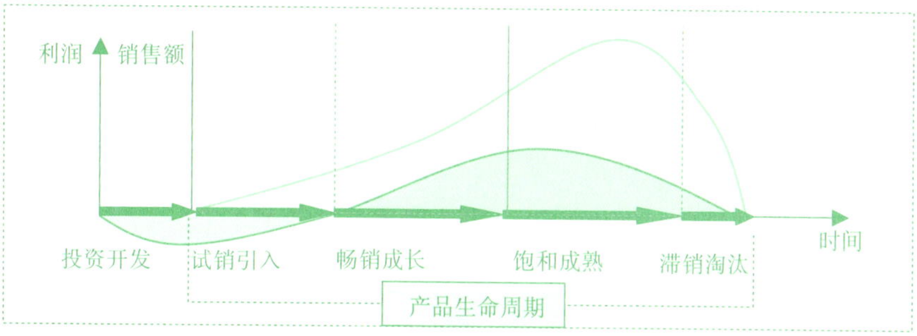

图7－2 产品生命周期

各种产品生命周期的曲线形状是有差异的。有的产品一开始进入市场就快速成长，有的产品可能越过成长期而直接进入成熟期，也有的产品可能经历了成熟期后进入第二个快速成长期。

（一）产品生命周期各阶段基本特征

产品生命周期各阶段基本特征见表7－2。

表7－2 产品生命周期各阶段的特征

	导入期	成长期	成熟期	衰退期
产　量	小批量	批量化	大批量	降低
产　品	不稳定	基本定型	标准化或市场差异化	过时
成　本	生产与销售成本高	成本降低	促销费用上升	成本回升
销售额	低	迅速增长	缓慢增长甚至出现减少趋势	急剧下降
利　润	波动甚至亏损	大量增加	最高且稳定出现由高转低	少量或亏损
现金流量	负数	适度	大量	小量
市场结构	垄断	寡头垄断	激烈竞争	寡头垄断
竞争者	独家	渐多	最多	渐少
销售类型	开拓型	模仿型	保守型竞争	开拓和模仿型
购买类型	革新者	早期接受者	早期大多数＋晚期大多数	落伍守旧
顾客比例	试用者（2.5%）	渐多（13.5%）	多数（34%＋34%）	保守者（16%）
需求弹性	无弹性	低弹性	弹性很大	低弹性
销售渠道	不畅	增多	基本定型	不畅

1. 导入期。又称介绍期，是指产品刚引入市场的时期，在这一阶段，产品生产批量小、成本高、知名度低、销售量增长缓慢，分销促销费用巨大，几乎无利润，甚至亏损。

2. 成长期。在这一阶段，产品被市场迅速接受，生产批量大，成本降低，销售量快速增长，利润显著增加，竞争者会陆续加入。

3. 成熟期。成熟期又可分为三个阶段而具有不同特征：（1）成长中的成熟期，这时期各销售渠道基本呈饱和状态，增长率缓慢上升；（2）稳定中的成熟期，市场出现饱和，消费平稳，产品销售稳定且销量最大，获利也最多；（3）衰退中的成熟期，销售量出现下降趋势，利润也出现下降。全行业产品出现过剩，生产经营者多，竞争激烈，是市场差异化时期。

4. 衰退期。在这一阶段，产品老化，不能适应市场需求，替代产品出现，价格下降、销售量和利润急剧减少，产品即将被淘汰和退出市场。

（二）产品生命周期各阶段营销策略

1. 导入期营销策略。根据导入期特征，营销者要解决人们对产品不认识或不熟悉的问题，因此应做大量的广告宣传，建立新产品的知名度；利用现有产品的品牌效应，带动和辅助新产品营销；采用试用、试听、试穿、试尝的办法；给经营新产品的批发、零售和其他中间商加大折扣；采取适当的价格策略。

企业推出新产品时，可根据价格、促销、分销和产品质量分别设立高或低两种水平。当只考虑价格和促销两种因素时，可有四种市场营销策略（见表7-3）。

表7-3　导入期营销策略

		促销	
价格		高	低
	高	快速撇脂战略	缓慢撇脂战略
	低	快速渗透战略	缓慢渗透战略

（1）快速撇脂战略，即营销者采用高价格和高促销迅速开发市场。例如，上海通用在中国市场首次推出别克轿车时用的就是这种营销策略。采用这种策略应具备三个条件：第一，具有较强的资金实力，能够承担高额促销费用；第二，该产品有着较大的潜在市场；第三，必须尽快建立品牌声誉。

（2）缓慢撇脂战略，即以高价格和低促销开发市场，以期获取较多利润。例如，德国大众在最先进入中国市场后，在普桑、桑塔纳2000、奥迪等车型中采用这种策略，最高时占据了90%的市场份额，获取了厚利。实施这种策略要求所投放的产品必须能有效填补市场空白，没有强有力的竞争者，消费者迫切需要它而又别无选择。

（3）快速渗透战略，即以低价格和高促销开发市场，以求迅速夺取尽可能多的市场份额。格兰仕在开发微波炉市场时，即以相当低的价格、强势的促销手段迅速夺取了市场份额，迫使许多弱小的微波炉生产商退出市场。实施这种策略的条件是，产品的潜在市场规模很大，价格需求弹性较大，规模经济效果显著。

（4）缓慢渗透战略，以低价格和低促销开发市场。长虹投放背投彩电时即采取了这种策略，以低价格的背投彩电迅速占领了市场，把日系品牌远远甩在了后面。采用这种策略的公司一般奉行低成本策略，吸引消费者购买，最终夺取较大的市场份额。

2. 成长期营销策略。根据成长期的特征，营销者的工作重点应放在扩大生产规模、保持较高的销售增长率及维持或提高市场占有率上。具体可以采取以下策略：

（1）不断提高产品和服务质量，增加产品功能、特色和式样，增加产品新用途。

（2）扩充目标市场，积极开拓新的细分市场，以适应潜在需求。

（3）增加新的分销渠道或加强分销渠道，开拓新的市场。

（4）广告重点从介绍产品和建立知名度，转向树立产品形象和商标品牌，维系老顾客，吸引新顾客上来，造成市场购买偏好。

（5）在适当的时候降低价格，以争取更多顾客。

在成长期阶段，企业面临选择高市场占有份额，还是选择当前高利润，往往两难齐全。一般来说，实施市场扩张策略会减少眼前利润，但会增强企业的市场地位和竞争能力，有利于维持和提高企业市场占有率，从长计议，更有利于企业发展。

3. 成熟期营销策略。基于成熟期特征，营销者的工作重点是捍卫市场份额和已有的市场地位，实行改良和创新措施，渡过大浪淘沙般的品牌整合难关。可选择的策略包括：

（1）市场改进策略，即想方设法提高使用产品的人数和提高使用率，以扩大销售机会。

（2）产品改进策略，即改良产品或开发新产品，可进行质量改进、性能改进或式样改进，以此作为争夺消费者购买的手段。

（3）营销组合改进策略，即调整营销组合的有关因素，使之更符合消费者的需求。如星巴克咖啡的成功不在于咖啡本身，而在于成功地营销了聚会和体验的场所。

4. 衰退期营销策略。绝大多数品牌或产品形式最终都要进入衰退期。衰退可能是缓慢的也可能是十分迅速的。基于衰退期的特征，营销者可以采取以下策略：

（1）维持策略，继续实行原来的营销策略，维持微利经营。

（2）转移策略，转移目标市场（企业将资源能力集中在最有利的细分市场和销售渠道上）、转移产品用途（寻找和开发产品的新用途）。

（3）榨取策略，大幅度降低促销水平，尽量缩减营销渠道，增加目前的利润。

（4）放弃策略，削价处理存货、甩卖滞销产品；放弃经营衰落比较迅速的产品，转产或停产。

（5）主动进攻策略，放弃旧产品，开发新产品，实现更新换代。

课堂讨论：下面产品分别处于产品生命周期的哪一个时期？
教育培训、家庭轿车、电视机、家用电脑、胶卷相机。

第三节 新产品开发

一、新产品的概念和分类

（一）新产品的概念

从市场营销角度来看，新产品的概念不是从纯技术角度理解的，凡是消费者认为能从中获得新的满足和带来新的利益的产品，即可视为新产品。新产品不一定都是新发明的、从未出现过的产品。

创新产品是为了满足消费者新的需求，只要产品整体概念中任何有了创新、变革或变动且满足了消费者新的需求，都可理解为一种新产品。

课堂讨论：一家酒厂把相同的酒灌进新设计的包装瓶里，售价有所提高。这是不是新产品？为什么？

（二）新产品的分类

1. **全新产品**。又称新问世产品，属于创造全新市场的产品，是指运用新原理、新工艺、新技术、新材料，具有新结构、新功能的产品。例如，打字机、电话、飞机、真空管、尼龙、复印机、原子笔、电子计算机等的发明被认为是1867—1960年出现的世界公认的新产品。

2. **换代产品**。是指在原有产品的基础上，部分采用新技术、新材料、新工艺、新结构研制出来的性能有显著提高，能够适应新用途、满足新需求的产品。例如，电视机由黑白电视机换代为彩电电视机；洗衣机由单桶洗衣机换代为双桶洗衣机再换代为全自动洗衣机；普通缝纫机换代为电动缝纫机等。

3. **改进产品**。是指对老产品的成分、性能、结构、功能加以改进，使其与老产品有较显著的差别，提高产品质量或实现产品多样化，满足不同消费者的需求。例如，电熨斗＋蒸汽喷雾；电风扇＋遥控开关；普通牙膏＋药物，白酒＋人参等。

4. **仿制和新品牌产品**。

（1）仿制产品，是对国际或国内市场上已经出现的产品进行引进或模仿、研制生产出来的产品。

（2）新品牌产品，是指在对产品实体进行微调的基础上改换产品的品牌和包装。例如：新牌子的糖果、服装、化妆品、洗发水、电视机、电冰箱等。

相关链接

新产品的发展趋势和特点：

- 优点相对突出：相对于市场原有产品有独特的长处如性能好、质量高、使用方便、携带容易或价格低廉等。
- 适应性强：必须适应人们的消费习惯和人们对产品的观念。
- 有利于环境保护：节能型、对原材料消耗低、避免“三废”“三害”，有利环保。
- 时代感强：体现时代精神，培植和引发新的需求，形成新的目标顾客和市场。
- 功能多样化：具有多用途、一物多用，既方便购买者使用，又提高购买者兴趣。
- 人体工程化：符合人体力学和活动特点，使用方便、舒适、省力、宜操作。
- 简易化：尽量在产品结构和使用方法上，简单方便并易于维修，不要过于复杂和繁琐。
- 微型化、轻便化：在保障质量的前提下，使产品的体积变小、重量变轻、便于移动，如手提电脑和手提电话。

二、新产品推广策略

为了使新产品投入市场后较快被消费者接受，企业必须做好新产品的推广工作。

（一）初拟营销规划

企业选择了最佳的产品概念之后，必须制订把这种产品引入市场的初步市场营销计划，并在未来的发展阶段中不断完善。初拟的营销计划一般有三个部分：

1. 描述目标市场的规模、结构、消费者的购买行为、产品的市场定位以及短期（如一个月）的销售量、市场占有率、利润率预期等。

2. 规划新产品的预期价格、分销渠道以及第一年的包括促销等营销预算费用。

3. 阐述较长期（如3～5年）的销售额和投资收益率，以及不同时期的市场营销组合策略等。

（二）消费者采用新产品的程序与市场推广

消费者对新产品的采用过程客观上存在着一定的规律性，一般表现为五个重要阶段：认知→兴趣→评价→试用→正式采用。

1. 认知。这是消费者获得新产品信息的初始阶段，但只是一般性了解。信息来源主要是广告或商品说明书、技术资料等。

2. 兴趣。指消费者不仅认识了新产品，并且发生了兴趣。消费者会积极寻找有关资料，并进行对比分析，研究新产品的具体功能、效用等问题，如果满意，将会产生初步的购买动机。

3. 评价。对价格、成本、利益进行评价，考虑是否试用这种新产品。

4. 试用。消费者开始少量试用新产品，通过试用的感觉来修正对新产品的评价。企业应尽量降低失误率，详细介绍产品的性质、使用和保养方法。

5. 正式采用。顾客试用新产品感到满意后，完全接受新产品，并开始正式购买、重复购买。

企业在新产品市场推广中不能使消费者长期地停留在起初的三个阶段，因此，应采取必要的措施，促使消费者尽早地进入试用阶段。

（三）消费者对新产品的反映差异与市场推广

新产品在市场的推广过程中，由于消费者的社会地位、消费心理、产品价值观、性格等具有差异性，因此不同消费者对新产品的反映具有明显的差异。

1. 创新采用者。也称为“消费先驱”，其富有个性，勇于接受新鲜事物，信息灵通，经济宽裕，社会地位高，受过高等教育，易受广告等促销手段的影响，是企业投放新产品很好的目标。

2. 早期采用者。一般是年轻人，对新事物比较敏感并有较强的接受性，经济状况良好，对早期采用新产品具有自豪感。这类消费者对广告及其他新产品信息传播渠道易接受，促销媒体对他们有较大的影响力，但与创新采用者比，持较为谨慎的态度。

3. 早期大众。这部分消费者一般较少保守，受过一定教育，有较好的工作环境和固定的收入；对社会有影响人物的消费行为具有较强的模仿心理；不甘落后于潮流。因此，企业要研究他们的心理状态、消费习惯，对提高产品的市场份额具有很大的意义。

4. 晚期大众。指较晚跟上消费潮流的消费群体。他们对新事物、新产品持怀疑态度或观望态度，往往在产品生命周期成熟期才购买。

5. 落后的购买者。是指其受传统思想束缚很深，思想非常保守，怀疑任何新事物，在产品进入成熟期后期以至衰退期才能接受。

新产品在整个市场推广过程，从创新采用者至落后购买者，形成完整的“正态分布曲线”，与产品生命周期曲线极为相似，市场推广要特别注意“消费先驱”和“早期采用者”的心理特征和他们通常接触的信息媒体，以便采取一定的促销手段，把新产品的信息传递给他们并购买，带动早期大众和晚期采用者模仿跟进，进一步扩大新产品的销路。

第四节　品牌与包装策略

一、品牌

（一）品牌及相关概念

1. 品牌。是制造商或经销商给自己的产品所起的名字。品牌是一种名称、图形、术语、标记、符号，或是它们的组合运用，其目的是借以识别不同企业之间的同类产品或服务。品牌包括品牌名称、品牌标志和商标。

2. 品牌名称。指品牌中可以用语言称谓表达、可以读出声音的部分，如“海尔”、“联想”、“可口可乐”、“麦当劳”、“百事可乐”、“肯德基”、“本田”等。

3. 品牌标志。指品牌中可以识别辨认、易于记忆但不能读出声音的部分，它通常由图案、符号或其他设计等构成。如“麦当劳”的金色双拱门、“海尔”品牌中两个小孩的图案等。

4. 商标。它是经过注册受到法律保护的整个品牌或品牌的一部分，具有专门使用权和排它权。商标是一个法律范畴，商标分为注册商标和非注册商标，注册商标的所有者拥有商标的长期使用权。注册商标标有® 。

在我国商标法中，只有“注册商标”与“非注册商标”区别，“商标”与“品牌”两个术语通用。

相关链接

我国《商标法》规定，商标不得使用下列图形和文字：

（1）同中华人民共和国的国家名称、国旗、国徽、军旗、勋章相同或者近似的；

（2）同外国的国家名称、国旗、国徽、军旗相同或者近似的；

（3）同政府间国际组织的旗帜、徽记、名称相同或者近似的；

（4）同“红十字”、“红新月”的标志、名称相同或者近似的；

（5）本商品的通用名称和图形；

（6）直接表示商品的质量、主要原料、功能、用途、重量、数量及其他特点的；

（7）带有民族歧视性的；

（8）夸大宣传并带有欺骗性的；

（9）有害于社会主义道德风尚或者有其他不良影响的。

县级以上行政区划的地名或者公众知晓的外国地名，不得作为商标，但是，地名具有其他含义的除外，已经注册的使用地名的商标继续有效。

（二）品牌的作用

品牌的作用可从营销者、消费者、社会三个方面来透视。

1. 品牌对营销者的作用。

（1）品牌有助于促进产品销售，树立企业形象。品牌营销是企业营销很重要的手段，认准品牌认准商标有利于产品销售，创造消费者受欢迎的品牌，提高企业和产品知名度和美誉度。

（2）品牌有利于保护企业的合法权益。企业对其依法注册的品牌标志享有独占权，杜绝侵权和仿冒，从而保护品牌所有者的合法权益。

（3）品牌有利于新产品销售。为了适应竞争，企业要不断推出创新产品。而品牌是支持企业新产品的无形力量，新产品利用品牌的信誉很容易打入市场。

（4）品牌有利于企业资产增值。品牌是企业的无形资产，具备巨大的促销能力和增值能力。

课堂讨论： 品牌 = 商标吗？

2. 品牌对消费者的作用。

（1）品牌便于消费者选购商品。品牌是区别同类产品的重要标志，不同品牌代表产品不同的产地、品质、利益和信誉，因此有利于消费者购买商品。

（2）品牌有利于维护消费者利益。消费者购物时会选择品牌，品牌已成了产品质量和信誉的保证，品牌经登记注册具有法律效力，既保护了企业的利益，企业也必须维护消费者权益。

（3）品牌有利于促进产品改良，有益于消费者。品牌的实质是销售者对交付顾客的产品特征和利益的承诺，为了适应市场竞争，满足消费者不断变化的需求，品牌会带给消费者更多的利益。

3. 品牌对社会的作用。

（1）品牌能维护民族利益，民族品牌能为国家和社会带来经济政治利益。

（2）品牌有利于产品不断创新，使市场上产品丰富多彩，日新月异。

（3）品牌登记注册，既保护了企业利益也保护了消费者利益，同时有利于社会利益，使市场经济健康有序发展。

（三）品牌策略

营销者应制定有关品牌的决策，这些决策包括品牌化、品牌归属、品牌命名、品牌扩展和品牌更新等策略。

1. 品牌化策略（使用或不使用品牌）。品牌化策略是指企业的产品是否使用品牌。大多数产品都使用品牌，因为有上述三方面的积极作用，而且使用品牌的产品越来越多，一些传统上不用品牌的产品也趋于品牌化。例如，在我国市场，大米有“金健”大米或“北大荒”大米等。

市场上也有产品不使用品牌，但应注明厂名、厂址、生产日期等，如电力、煤炭、钢材以及超市中简易包装无品牌的商品。

课堂讨论： 自来水、矿泉水使用品牌吗？

2. 品牌归属策略（生产者品牌与经销商品牌）。品牌归属策略是指企业的产品使用生产者品牌还是经销商品牌。如果生产者的市场信誉良好，企业实力很强的情况下，宜采用生产者品牌；若在生产者资金拮据、市场营销薄弱而经销商信誉良好的情况下，宜采用经销商的品牌打开销路，并节约大量的费用。大多数销售商采用生产者品牌，也有使用自己的品牌，或者是生产者品牌和经销商品牌同时使用。如我国许多百货商场的商品都使用生产者品牌，而美国的 Sears 公司经销的商品 90% 都是自己的品牌的产品。

3. 品牌统分策略。

（1）统一品牌策略。统一品牌策略是企业所有的产品都统一使用一个品牌。如我国海尔电器有限公司（电视、冰箱、空调、洗衣机等）都使用“海尔”品牌。该策略的优点是推出新产品能够节省宣传费用，且能借品牌的良好市场信誉顺利推出新产品，同时有助于显示企业实力，塑造企业形象。但也存在不足，如难以区分产品质量档次，而且一旦某一产品出现问题（如质量）或声誉下降会使企业所有产品受到牵连。

（2）个别品牌策略。个别品牌策略是企业的每种产品分别使用不同的品牌。如宝洁公司的洗发水分别使用“飘柔”、“海飞丝”、“潘婷”、“沙宣”、“伊卡璐”等。该策略的优点是单个产品的成败不影响企业形象，便于顾客区分产品质量档次和识别选择，企业产品能更好地渗透到每一个细分市场，推出新产品利用新品牌，有利于顾客产生企业不断发展的良好印象；缺点是大大增加了营销费用。

（3）分类品牌策略。分类品牌是企业按产品线的特点或目标市场的特征分别采用不同的品牌。如美国安利公司生产的营养保健品采用“纽崔莱”品牌，美容护肤系列产品则用“雅姿”品牌等，这实际上是对前两种做法的一种折衷。

（4）复合品牌策略。复合品牌是将主品牌与个别品牌结合起来使用。如在个别品牌前冠以企业名称，形成：企业名称（主品牌）+副品牌名称。如美国通用汽车公司各类型的产品采用了“GM”统一品牌，各类产品分别使用克拉克、别克、奥斯莫比和雪佛兰等个别品牌。这种在各不同产品的品牌名称前冠以企业名称的做法，可以使新老产品统一化，享受企业的整体信誉。同时不同产品分别使用不同的品牌名称，又可以使不同的产品各具特色，突出优势。

4. 品牌更新策略（也称品牌再定位策略）。品牌更新策略是全部或部分调整或改变品牌原有的市场定位。采用此品牌策略的原因有受竞争者品牌逼近使本企业品牌的市场占有率下降，或消费者偏好发生了变化等。企业对品牌进行重新定位，目的是使现有产品具有与竞争者不同的特点，重新保持其原有的声誉和吸引力。例如“万宝路”牌香烟的品牌定位，原本是温文尔雅的女士香烟品牌，但始终默默无闻，销路不畅。后来公司对“万宝路”重新定位，定位于美国粗犷豪放的西部牛仔男士香烟，立刻给公司带来了巨大的成功。

5. 品牌扩展策略（品牌延伸策略）。品牌扩展策略是指企业将成功的品牌使用到企业其他完全不同的产品上。该策略的优点是可以使新产品借助成功品牌的良好信誉顺利推向市场。例如，海尔集团成功推出了“海尔”冰箱之后，随后利用“海尔”品牌又成功地推出洗衣机、电视机、空调等新产品。

二、包装

（一）包装的含义和种类

1. 包装的含义。包装是指对某一商品设计并制作容器或包扎物的一系列活动。包装包含两方面的含义：一是指为产品设计、制作包扎物的活动过程；二是指包扎物。商品包装包括品牌、商标、形状、颜色、图案和材料等要素。

课堂讨论：包装材料有哪些？包装的文字说明包括哪些？包装的标志包括哪些？

2. 包装的种类。产品包装按其在流通过程中的作用不同分为运输包装和销售包装。

（1）运输包装又称外包装或大包装，主要用于保护产品品质安全和数量的完整。运输包装又可细分为单件运输包装和集合运输包装。

（2）销售包装又称内包装或小包装，实际上是零售包装，不仅要保护商品，而且更重要的是要美化和宣传商品，便于陈列展销，吸引顾客，方便消费者认识、选购、携带和使用。

（二）包装的作用

包装是产品整体概念的重要组成部分，其营销作用有：

1. 保护商品。保护商品是包装的首要作用，它包括保护商品本身和安全保护。如包装可以防震防压，防止风吹日晒雨淋虫蛀等，对于易燃、易爆、放射、污染或有毒物品包装可以防泄露而造成危害。

2. 促进销售。据美国杜邦公司研究发现，63%的消费者会被包装吸引而作出购买决定，包装是沉默的推销员。商品的包装如果美观大方、漂亮得体，不仅能够吸引顾客，而且还能激发顾客的购买欲望，促进产品销售。

3. 增加利润。装潢精美、使用方便的包装能满足消费者的某种心理需求，能提升商品的附加价值，因此能够增加企业的利润。如精装的五粮液比普通包装的五粮液价格要高。

4. 便于储存运输。设计良好的包装为商品的储存和运输提供方便。如商品外形不固定，或是液态、气态、粉状经过包装则方便运输和储存，方便消费者使用，同时加快交货时间。

（三）包装策略

科学合理的包装是良好的包装，但良好的包装只有和包装策略结合起来才能发挥其应有的作用。包装策略主要有：

1. 类似包装策略。类似包装策略是指企业生产经营的所有产品，在包装上采用相同或相近的图案、色彩等共同的特征，使人一见就知是某家企业的产品，这也是企业识别系统的内容之一。

类似包装策略有利于节省包装设计和印刷成本，树立企业整体形象，提高企业影响，使新产品成功推向市场。

2. 等级包装策略。等级包装策略是指企业生产经营的不同质量等级的产品分别设计和使用不同的包装，如不同等级茶叶采用不同包装。

等级包装策略可以使包装质量与产品品质等级相匹配，可以适应不同需求层次消费者的购买心理，便于消费者识别选购商品，有利于全面扩大销售。缺点是设计成本较高。

3. 组合包装策略。组合包装策略是指企业将几种相关联的产品放在同一包装物的策略。如把洗面奶、面霜、眼霜和唇膏等化妆品组合在一起包装。

组合包装策略便于顾客购买、携带和使用，有利于扩大产品销售，还可以将新产品和企业原有产品组合在一起销售，使新产品顺利进入市场，但在实践中要防止引起顾客反感的硬性搭配。

4. 再使用包装策略（双重用途包装策略）。再使用包装策略是指原包装的产品消费完毕后其包装物可以移作他用的策略，如酒瓶可以当作艺术品欣赏。

再使用包装策略可以增加包装的用途，给消费者带来额外的利益，可以刺激消费者的购买欲望，有利于扩大产品销售，同时能发挥广告的作用，但会增加包装成本。

5. 附赠品包装策略。附赠品包装策略是指在包装物内附有赠品以诱发消费者重复购买的做法，如包装物内附赠玩具、小饰品或奖券。

附赠品包装策略对儿童和青少年及低收入消费者比较有效，但增加了成本，容易影响产品在价格上的竞争力。

6. 差异化包装策略。差异化包装策略是指企业经营的各种产品都有各自独特的包装。

差异化包装策略能够避免某一商品失败而影响其他商品的声誉，但会增加包装设计费用和新产品促销费用。

7. 更新（改变）包装策略。更新包装策略是指企业改变原来产品包装的策略。原因是随着市场需求的变化而改变包装，可以改变商品在消费者心目中的地位，从而赢得更多的消费者。如市场上出现的气压式包装、喷雾包装、透明包装等。

课后练习

一、单项选择题

1. 现代营销产品是指能够由营销人员提供给市场的，可以被（　　）注意、理解、获得、使用或消费，满足其某种欲望或需求的一切东西。

A. 生产者　　B. 销售者　　C. 中间商　　D. 顾客

2. 整体产品包含五个层次，其中最基本的层次是（　　）。

A. 核心产品　　B. 形式产品　　C. 附加产品　　D. 潜在产品

E. 期望产品

3. 讲求产品组合宽度而不讲求产品组合深度的是（　　）。

A. 专卖商店　　B. 大型超市　　C. 特色商店　　D. 品牌皮鞋店

4. 现在中国市场，手机销售量很大且趋向平稳，利润逐步下降，说明手机业已进入产品生命周期（　　）。

A. 投入期　　B. 成长期　　C. 成熟期　　D. 衰退期

5. 在产品寿命周期的（　　），企业可以减少促销和分销。

A. 投入期　　B. 成长期　　C. 成熟期　　D. 衰退期

6. 若某企业目标是要在某个行业中占据主要地位，并要求较高的市场占有率和市场增长率，其产品组合策略中产品线就应（　　）。

A. 扩大　　B. 缩小　　C. 向上延伸　　D. 向下延伸

7. 凡是（　　）认为是新的，能从中获得新的满足，可以接受的产品都属于新产品。

A. 生产者　　B. 消费者　　C. 中间商　　D. 政府

8. 笔记本电脑是（　　）。

A. 全新产品　　B. 换代产品　　C. 改进产品　　D. 仿制和新牌子产品

9. 新产品开发面临（　　）的风险。

A. 低失败率和低损失额　　B. 高失败率和低损失额
C. 低失败率和高损失额　　D. 高失败率和高损失额

10. “麦当劳”的金色拱门，顾客一看见就能辨认，这是属于（　　）。
A. 品牌名称　　B. 品牌标志　　C. 商标　　D. 品牌属性

11. 七匹狼有限公司生产香烟采用了“七匹狼”、“梅花山”、“富健”等品牌香烟，它是属（　　）策略。
A. 统一品牌　　B. 个别品牌　　C. 分类品牌　　D. 企业名称加个别品牌

二、多项选择题

1. 产品整体概念的层次包括（　　　）。
A. 核心产品　　B. 形式产品　　C. 附加产品　　D. 潜在产品
E. 期望产品

2. 产品组合策略包括（　　　）产品组合策略。
A. 扩大　　B. 缩减　　C. 产品线延伸　　D. 产品差异化
E. 产品现代化

3. 产品生命周期包括（　　　）等阶段。
A. 投资开发期　　B. 投入期　　C. 成长期　　D. 成熟期
E. 衰退期

4. 在产品的投入期，企业应着重研究（　　　）在人口统计、心理状态和传播媒介等方面的特征，把它们作为新产品的促销对象。
A. 创新采用者　　B. 早期采用者　　C. 早期大众　　D. 晚期大众
E. 晚期采用者

5. 产品组合是指企业生产和经营的所有（　　　）的范围和组合方式。
A. 需求类型　　B. 产品线　　C. 生产类型　　D. 产品项目

6. 新产品开发的动力和压力主要来自以下原因（　　　）。
A. 产品生命周期规律的要求　　B. 消费者需求变化的要求
C. 科学技术进步发展推动　　D. 市场竞争等压力

7. 延长产品生命周期成熟期的主要方法有（　　　）。
A. 市场改革策略　　B. 产品改革策略
C. 营销组合改进策略　　D. 转移策略

8. 品牌内涵中最持久的含义是（　　　）。
A. 属性　　B. 利益　　C. 价值　　D. 文化
E. 个性

三、判断题（对的在括号内打“√”，错的在括号内打“×”）

1. 产品策略是市场营销组合的基础，价格策略、分销策略、促销策略都是以产品策略为出发点，围绕产品策略进行的。（　　）

2. 延长产品生命周期中投入期对企业最有利。（　　）

3. 产品经济寿命比产品使用寿命长。（　　）

4. 只要产品整体概念中任何部分有了创新、变革或变动且满足了消费者的新的需求都可理解为一种新产品。（　）

5. 在我国只有注册商标的产品可以在市场上销售。（　）

6. 品牌只对消费者起保护作用。（　）

7. 促进销售是包装的首要功能。（　）

8. 我国大部分企业采用的是经销商品牌。（　）

9. 包装是沉默的推销员。（　）

10. 竞争者不属于新产品构思的来源。（　）

四、简答题

1. 解释产品组合及其广度、深度、相关度和长度？

2. 产品营销组合策略主要有哪几种？

3. 产品寿命周期主要包括哪些阶段？各有哪些特征？分别采用哪些营销策略？

4. 新产品推广策略有哪些？

5. 品牌的作用有哪些？企业的品牌策略有哪些？

6. 包装的作用有哪些？企业的包装策略有哪些？

五、案例分析

1. 香港丰泽电器集团有许多分店，都经营丰泽牌电器。但仔细辨认，却发现这些电器产品无论从式样到内部装置，都同日立、乐声等名牌产品一模一样。原来，“丰泽”是他们的专卖牌子，产品全是人家的产品，自己仅具有“丰泽”牌子而已。

思考与分析：

（1）香港丰泽电器集团采用的是何种品牌策略？

（2）采用此策略对企业有哪些好处？

2. 一盒月饼价值几何？据市场调查：一盒月饼不算包装费，最高不超过 30 元。加上包装，总成本一般也只占售价的 30% 左右。通常一盒月饼有 4 ~ 9 个，而且大中小不等、高中低档混装，月饼包装最贵的也就 50 ~ 60 元，一盒月饼总成本不到 100 元，但标价一般在 300 元以上，如果加上一瓶几十元的红酒或洋酒，就能卖到 400 元甚至 500 多元。据昆明《春城晚报》2003 年 8 月 8 日报道，昆明百货大楼在昆明世纪广场举办的迎中秋月饼展示会上，将一盒标价为 318 888 元的月饼亮相，内装百威广式月饼礼盒，配有奥林巴斯数码相机一台、摄像机一部、派克金笔一支、ZIP 打火机一个以及高级保健品、茶叶等。

（资料来源：朱立主编：《市场营销经典案例》，高等教育出版社 2004 年版。）

思考与分析：

（1）包装能增加商品的附加价值，但商品的过度包装有哪些弊端？应该怎么办？

（2）今天，消费者怎样看待月饼的食用功能消费与文化功能消费？企业该怎样定位月饼销售？

第8章

定价策略

学习目标：□明确营销定价的内涵
□理解商品定价的作用
□掌握影响商品定价的基本因素
□掌握定价目标与定价程序
□掌握定价的基本方法和定价策略
□能够灵活调整价格

“珍珠陈皮”

在20世纪80年代和90年代初，罐头在中国市场上有很大的销量，尤其是水果罐头，更是受到广大消费者的喜爱。在汕头有一罐头厂，以生产橘子罐头出名，但是剩下的橘子皮一直没有很好的方法处理，于是便将橘子皮以九分钱一斤的价格送往药品收购站销售，但依然十分困难。他们思考难道橘子皮只能入中药做成陈皮才有用？经过一段时间的研究，他们终于开发出“珍珠陈皮”这一新用途，可将其用做小食品，而且这种小食品具有养颜、保持身材苗条等功能。

以何种价格销售这一产品？经市场调查发现，妇女和儿童尤其喜欢吃零食，且在此方面不吝花钱，但惧怕吃零食会导致肥胖，而“珍珠陈皮”正好解其后顾之忧，且市场上尚无同类产品。于是，他们决定每15克袋装售价1元，合33元一斤，投放市场后，该产品销售火爆。

[思考]

(1) 该企业采取了何种定价策略？

(2) 为什么要采用这种策略？

(3) 若低价销售是否能获得与高价同样多甚至更多的利润？

第一节 营销定价概述

价格是企业市场营销组合的一个重要变数和十分重要的问题，也是最复杂、最敏感的一个市场因素，其影响和决定了消费者的需求和购买行为。

一、营销定价的内涵

关于商品的价格，从经济学和市场营销学的观点看，其含义是不同的。

1. 从经济学的观点看，价格是商品价值的货币表现形式，是不会随意变动的。价格总是与利润的实现紧密联系在一起，即价格 = 总成本 + 利润。因此，从经济学角度来说，企业营销定价是一门科学。

2. 从营销的观点看，价格是活泼的，是可以随时随地根据需要而变动的。价格是决定企业赢利的重要因素，但绝不是唯一因素，它必须以消费者能否接受为出发点，即能为消费者乐于接受，又能为企业带来较多的收益。因此，从营销角度来说，定价不仅是一门科学，而且是一门艺术，企业必须遵循客观经济规律要求，研究营销定价的方法、技巧和策略，发挥市场价格的调节作用并取得竞争优势。

二、营销定价的作用

1. 商品价格是消费者作出购买决策的主要依据。
2. 商品价格是市场营销组合中的重要因素。
3. 商品价格对企业经营成败有决定性影响。

三、影响营销定价的因素

影响营销定价的企业内部因素包括企业营销定价目标、市场营销组合、商品成本、企业定价组织；外部因素包括市场需求、竞争和其他环境因素，如宏观经济状况、政府的有关政策法令等。

（一）企业营销定价目标

营销定价目标是企业希望通过定价达到的总体目标。企业在定价时，首先必须认真考虑和选择企业的定价目标。一般来说，企业应根据其所处的经营环境及各种有利因素、不利条件的考虑，可以选择以下几种定价目标：

1. 维持生存。这是企业的最低目标，是企业处于不利竞争中实行的一种特殊的过渡性目标，目的是使企业能够继续生存。当企业生产能力过剩，或面临激烈的市场竞争，价格下跌或由于企业经营不善，商品成本提高，造成销路不畅，大量积压，甚至濒临倒闭时，则需要维持生存。

企业定价目标必须与企业营销总目标相一致。作为企业的基本定价目标，生存比利润更为重要，只要能够维持生产或经营，等待形势好转或新产品问世，一旦出现转机，即以其他的定价目标取代。以生存为目标的商品价格的最低极限就是变动成本。

2. 利润最大化。以最大利润为定价目标，指的是企业期望获取最大限度的销售利润。取得最大利润是企业的共同目标，是企业赖以生存和发展的前提。但是利润最大化并不一定说明企业要实施最高定价政策。定价过高，消费者承受不了，商品销路受阻，反而不能实现相应利润，各种替代商品和竞争者将会由此进入，使企业失去有利地位。企业利润最大化取决于合理的价格所推动产生的市场需求和销售规模。

课堂讨论：利润最大化就是要定最高价对吗？

3. 提高市场占有率。市场占有率又称市场份额，是指一个企业某种商品的销售额（量）在同一时期，在同类商品销售总额（量）中所占的比率。市场占有率是企业经营状况和商品竞争能力的综合反映。较高的市场占有率可以保证企业商品的销路，便于掌握消费者的需求变化。所以市场占有率为定价目标就是通过制定较低的价格，以促进销售额（量）大幅度增加，提高市场占有率，为企业带来较高的长期利润。

课堂讨论：企业为提高市场占有率就应该无限制地提高销量，这种说法对吗？

4. 适应价格竞争。适应价格竞争，是指企业在价格决策时主要着眼于在激烈竞争的市场，为应付或避免发生价格竞争的一种定价目标。企业通常的做法是以对商品价格有决定影响的竞争对手的价格为基础，在广泛收集资料、审慎比较权衡以后，对本企业商品进行相应的价格决策。适应价格竞争是企业广泛运用的一种定价目标。

5. 预期投资收益率。预期投资收益率，是指利润与投资总额的比率。企业所投入资金，都期望在预期时间内收回投资和取得报酬。企业在定价时，一般是在总成本费用的基础上加上一定比例的预期目标利润，以预期收益为定价目标。在具体运用时，应考虑企业在市场中所处的地位。如果企业处于领导地位，竞争力比较强，则容易达到目标，否则，定价太高会遭到用户的排斥。当然，也不宜定价太低，以免影响企业经营的发展。预期投资的收益率一般要高于银行存贷款利率。

（二）市场营销组合策略

价格是市场营销组合的因素之一，企业定价策略必须与产品策略、分销策略和促销策略相匹配，形成一个合理的市场营销组合策略（4PS）。

首先，不同产品处于市场寿命周期不同阶段，具有不同特征，同时不同产品的设计、品牌价值必然影响消费者对价格的接受，也影响企业定价。其次，企业选择的经销渠道和经销方式，所选渠道或网点在消费者心目中的地位和形象、经销环境与费用、可能实现的销售量和利润等，也必须在定价时进行考虑。再次，企业所采取的促销策略，选择何种媒体、促销预算等也是企业定价的依据。总之，企业定价策略不能脱离其他市场营销组合因素而单独决定。

（三）商品成本

商品成本是企业营销定价的基础，也是价格的最低底线。从长远看，任何商品的销售价格都必须高于成本费用，只有这样，才能以销售收入来补偿生产成本和经营费用，否则就无法经营。因此，企业制定价格时必须估算成本，平衡实际成本、目标利润和销售价格三者之间的关系。

商品成本可分为两类：一类是固定成本，另一类是变动成本。固定成本是指不随产量或销售量变化而变化的费用支出，如房租、设备折旧费、办公费用、管理人员工资等。变动成本是指原材料、工人工资、能源水电等随产量或销售量变动而变动的成本，两者之和即为商品总成本。

（四）企业定价组织

企业定价权限须由专门决策机构负责并加以实施。不同企业做法不尽相同。小型企业通常由企业最高层的管理者负责定价，大型企业可由专门部门负责定价，在经营产业用品的企业中，商品的销售价格由销售部门负责定价或由推销人员与用户在一定幅度内协商议定。无论何种情况，企业的高层管理人员都应负责确定定价目标，并听取基层管理人员或推销人员的意见。在一些生产或经营商品的大型企业中，应当建立专门的定价机构，该机构与企业的最高管理者和营销部门直接联系，专门负责定价工作。

以上各项是影响商品定价的企业内部因素。

（五）市场需求

市场营销理论认为，商品的最高价格取决于商品的市场需求，而市场需求又受供求关系、价格和消费者收入等因素的影响。因此，在定价决策时，必须了解商品价格与市场需求之间的关系。

测定市场需求主要包括两个方面，一是通过市场调查，了解商品和市场总体需求量；二是分析需求的价格弹性，即商品价格的变动对市场需求量的影响。不同商品的价格变动会对市场需求量产生不同的反应，即弹性各不相同。需求的价格弹性用公式表示如下：

$$E_p = \left| \frac{(Q_2 - Q_1)\ /Q_1}{(P_2 - P_1)\ /P_1} \right|$$

式中：E_p 为商品的需求价格弹性，即弹性系数；Q_2 为现需求量；Q_1 为原需求量；P_2 为现价格；P_1 为原价格。

以商品弹性系数大小来决定企业的价格决策。

- 当 $E_p > 1$，称为富有弹性或弹性大。说明需求量的相应变化大于价格自身变化。对于这类商品，价格的上升（下降）会引起需求量较大幅度的减少（增加），应通过降低价格，薄利多销达到增加盈利的目的。反之提价要谨防需求量锐减，影响企业销售收入。

- 当 $E_p < 1$，称为缺乏弹性或弹性小。说明需求量的相应变化小于价格自身变化。对于这类商品，价格的上升（下降）仅会引起需求量较小幅度的减少（增加）。所以，较高水平价格往往会增加赢利，低价对需求量刺激效果不强，薄利并不能多销，反而会降低收入水平。

- 当 $E_p = 1$，称为弹性单一。说明需求量与价格等比例变化。对于这类商品，价格的上升（下降）会引起需求量等比例的减少（增加）。所以价格变化对销售收入不会产生较大影响。一般采用通行市场的价格或预期收益率为目标的价格。

（六）竞争

商品的最高价格取决于该商品的市场需求，最低价格取决于该商品的成本费用。在这种最高价格和最低价格的幅度内，企业为商品定价在哪个位置取决于竞争者同类商品的价格水平、市场供求关系、竞争策略及市场结构。

（七）其他环境

企业定价时还必须考虑到其他环境因素。如国家有关政策法规，国内或国际的经济是否通货膨胀，经济繁荣或萧条，利息率的高低等都会影响企业定价。因为这些因素影响生产或经营成本和顾客对价格的理解，因此，企业定价时，必须综合地、充分地研究影响价格的多种因素，以定出最合理的商品价格。

四、企业营销定价程序

企业定价是一项很复杂的工作，必须全面考虑各个方面的因素，采取一系列步骤和措施。一般来说，需要采取八个步骤，见图 8－1。

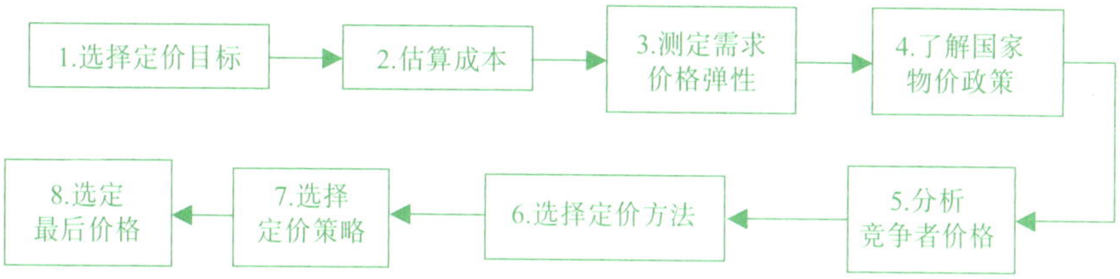

图 8－1　企业定价步骤

第二节　营销定价方法

企业营销定价的方法有三类：成本导向定价法、需求导向定价法和竞争导向定价法。

一、成本导向定价法

成本导向定价法就是以成本为依据的定价方法。其特点简便、易用。常用的方法主要有以下几种：

（一）成本加成定价法

成本加成定价法，即是在单位商品成本基础上加上一定比例的利润和税金来确定商品价格的方法。基本公式是：

$$单位商品价格 = 单位商品成本 \times (1 + 加成率)$$

其中：加成率为预期利润中商品成本的百分比。习惯上称为“几成”。

相关链接

加成率的确定是关键，一般是根据企业所选定的定价目标来确定。即可以利润率、预期投资收益率、市场占有率等指标来计算。

【例 8－1】 某服装生产企业所生产的某种服装的单位成本是 400 元，加成率是 25%，则该服装的价格 ＝400×(1＋25%)＝500(元/件)

【例 8－2】 某企业经营某种商品的固定成本为 32 000 元，变动成本是 16 000 元，销售 4 000 件，利润率为 20%，则该商品的价格为：

$$单位商品价格=\frac{固定成本+变动成本}{销售量}\times（1+利润率）$$

$$=\frac{32\ 000+16\ 000}{4\ 000}\times(1+20\%)=14.4(元/件)$$

一般来说，高档消费品和生产批量小的，加成率应适当高些，而生活必需品和生产批量较大的，其加成率应适当低些。

这种定价方法的优点是计算简单，简便易行，成本资料直接可得，“将本求利”的把握较大。缺点是缺乏灵活性和适应性。因为只从卖的角度考虑，忽视了市场需求和竞争对定价的影响，难以适应市场变化。采用这种方法的关键是确定合理的加成率。企业要根据单位成本、市场情况和商品特点合理确定加成率，适当调高或调低相应加成率，减少或缓和价格竞争。

（二）盈亏平衡定价法

盈亏平衡定价法也称为“保本点”定价法，这种定价法是以收入与支出或成本相抵，利润为零时所确定的商品价格。基本公式为：

$$商品保本价格=\frac{固定成本}{盈亏平衡点销售量}+单位变动成本$$

【例 8－3】 某商品的固定成本为 50 万元、单位变动成本为 20 元，预计销售量为 10 万件，则该商品的盈亏平衡点价格（即保本点价格）是多少？

解： 保本价格 $=\frac{50\ 000}{10\ 000}+20=25$（元/件）

这种定价法只能使企业的总成本费用得以补偿，而不能得到收益。优点是一经保本价格确定后，企业就能明确知道损益数量，做到心中有数。其缺点是同样忽略了消费者市场需求和竞争对定价的影响，摆脱不了立足企业的着眼点。这种方法在市场不景气，竞争激烈的情况下比较合适，因为保本经营总比停业的损失要小。

（三）边际贡献定价法

边际贡献定价法亦称为变动成本定价法，是指以单位变动成本为基础，加上单位边际贡献而确定的商品价格。在价格高于变动成本的情况下，企业出售产品的收入除完全补偿变动成本外，还可用来补偿一部分固定成本，甚至可能提供利润。基本公式为：

$$商品价格=单位变动成本+单位边际贡献$$

$$或=\frac{变动成本+边际贡献}{商品销量}$$

【例 8－4】 某企业的固定成本是 8 万元，单位变动成本是 0.7 元，预计销量为 10 万双。在当时市场条件下，同类的价格为 1 元/双。那么企业是否应该继续生产呢？其决策过程如下：

固定成本	8 万元
变动成本（0.7×100 000）	7 万元
销售收入（1×100 000）	10 万元
企业盈亏（100 000－70 000－80 000）	－5 万元

边际贡献（100 000 - 70 000）　　　　　　　　3 万元

按照传统的做法，由于这时出现了 5 万元的亏损，企业便不继续生产。但是作为已经发生的固定成本，在不生产的情况下，仍已支出了 8 万元。这说明按变动成本定价时可减少 3 万元固定成本的损失，并补偿了全部变动成本 7 万元。当然若低于变动成本定价，如市场价格降为 0.7 元/双以下，则企业应停产，因为此时的销售收入不仅不能补偿固定成本，连变动成本也不能补偿，生产得越多，亏损就越多，企业的生产活动就变得毫无意义。

边际贡献定价法的出发点是：不求赢利，只求少亏。它改变了售价低于保本价便拒绝交易的传统做法。通常适用于：一是市场竞争激烈，供过于求，库存积压，企业坚持以总成本为基础定价，市场难以接受，其结果不仅不能补偿固定成本，连变动成本也难收回；二是订货不足，生产能力过剩，企业生产不足，与其设备闲置，不如利用低于总成本但高于变动成本的价格，扩大销售维持生存，同时，尽量减少固定成本的亏损。但是，过低的成本有可能被指控为从事不正当竞争，并招致竞争者的报复，在国际市场上则易被进口国认定为“倾销”，产品价格会因“反倾销税”的征收而畸形上升，失去其最初的意义。

二、需求导向定价法

需求导向定价法是一种以市场需求强度及消费者感受为依据的定价方法。常用的主要包括以下几种：

（一）理解价值定价法

理解价值定价法，是指企业根据购买者对商品价值的理解程度来制定价格。理解价值定价的关键和难点，是企业要能获得顾客对有关商品价值理解的准确资料，能对顾客理解的价格有正确的估计，要避免估计过多或过低情况。因此，企业必须进行广泛的市场调研，了解顾客的需求偏好，根据商品的性能、用途、质量、品牌、服务等要求，判定对商品的理解价值，分析目标成本和销售收入，在比较成本与收入、销量与价格的基础上，确定该定价方案的可行性，并制定最终价格。

小案例

卡特皮勒公司运用认知价值定价法为其推土机定出的价格比同型号竞争产品高出 4 000美元，并成功地传达了感知价值。他们的定价依据如下：(1) 本产品的一般质量与竞争产品相同，应定价 2 万美元；(2) 耐用性高于竞争产品，应加价 1 000 美元；(3) 可靠性高于竞争产品，应加价 2 000 美元；(4) 维修服务完善，应加价 2 000 美元；(5) 零部件供应期较长，应加价 1 000 美元；(6) 为顾客提供价格折扣，企业减利 2 000 美元。因此，实际售价为 24 000 美元。

（资料来源：吴涛主编：《市场营销管理》，中国发展出版社 2005 年版。）

（二）反向定价法

反向定价法，是指企业依据消费者能够接受的最终销售价格，计算自己从事经营的成本和利润后，逆向推算出中间商的批发价和零售价。其特点是价格能反映市场需求情况，保证中间商的正常利润，使商品迅速向市场渗透，定价比较灵活。

分销渠道中的批发商、零售商经常采用这种定价方法，相应的计算公式如下：

$$销售价格 = 市场可接受的零售价格 \times (1 - 批零差率) \times (1 - 进销差率)$$

【例 8－5】　若某消费者对某品牌的电动自行车可接受的价格为 1 800 元，若零售商要求的毛利为25%，批发商要求的毛利为10%，则该电动自行车的销售价格应为：

零售商可接受的价格 = 消费者可接受的价格 ×（1 − 25%）= 1 800 × 0.75 = 1 350（元）

批发商可接受的价格 = 零售商可接受的价格 ×（1 − 10%）= 1 350 × 0.9 = 1 215（元）

（三）需求习惯定价法

需求习惯定价法，是指根据长期被消费者接受和承认的已经习惯的商品价格来确定价格的一种方法。如日用工业品、主副食品等，企业在向市场销售这类商品时，必须依照需求习惯定价，从价格上尊重消费者习惯。不足是有时不能适应新的变化情况。

提示：需求导向定价法不是依据产品的成本来定价，而是以需求为中心的定价方法。

三、竞争导向定价法

竞争导向定价法，是指以竞争为依据的定价方法。常用的主要包括以下几种：

（一）随行就市定价法

随行就市定价法又称通行价格定价法，就是指企业按照目标市场上的市场价格水平来定价。在竞争激烈的市场上，销售某些同类产品的企业在定价时，实际没有多少选择的余地，只能按照行业的现行价格定价。如粮食和一些原材料类的初级产品，在质量、交货期等非价格因素相差不大的情况下，如果把价格定得高于市价，产品就销售不出去；反之，把价格定得低于市价，又会导致竞相削价，危害无穷。因此，企业为了获得稳定、合理的收益，宁愿少担风险，与同行业保持同一价格水平，以求和平共处，也不愿招来对大家都不利的价格竞争。而事实上，由于市场机制而形成的“市价”，往往是比较科学的价格，它使销售者有利可得，购买者也可接受。

（二）拍卖定价法

拍卖定价法，是指由商品所有者或其代理人采取公开叫卖方式，引导买方报价，利用买方竞争导购的心理，从中选择最高价格成交。拍卖以喊价和竞价的方式进行，通常称为“叫价”，叫价的方法有以下三种：

1. 增价拍卖法，即买主叫价的方法。拍卖人宣布最低价格后，由买主竞相加价，直至出价最高时由拍卖人接受而达成交易。

2. 减价拍卖法，即卖方叫价的方法。由拍卖人先开出最高价，然后由拍卖人逐步减低开价，直到有人表示接受而达成交易。

3. 密封递价拍卖法，即招标式拍卖法。这种拍卖法是事先由拍卖人公布某批商品的估价，然后在规定的时间内，买主将密封标单寄交拍卖人，向拍卖人递价，由拍卖人选择出最高的买主达成交易。

（三）密封投标定价法

密封投标定价法，是指由卖方公开招标，买方竞争投标、密封定价，卖方择优选取，到期公布“中标”者名单，中标企业与卖方确定成交的一种定价方法。这种方法适用于建筑工程、大型机器设备制造、政府大宗采购和矿产资源的开发方面等。一般来说，定价越高，利润越大，但中标机会小，如果因价高而招致失败，则利润为零；反之，定价低，虽中标机会大，但利润低，其机会成本可能大于其他投资方向。因此，报价时，既要考虑企业的目标利润，也要考虑到中标的可能性。一个符合逻辑的出价标准是如何定出一个能获得最大期望利润的定价。

第三节 定 价 策 略

一、新商品定价策略

（一）取脂定价策略

取脂定价策略，又称撇脂定价策略、高价策略，是指新商品在上市初期，制定较高的价格，以便在短时期内获得最大利润的一种策略。

取脂定价策略是一种短期化行为，它不是在任何时期和条件下都可运用的。一般在具备以下条件时采用：（1）商品质量与高价格相符合；（2）有既定的市场范围或份额，即目标市场；（3）商品技术水平高，商品有专利保护，不易仿制等特点；（4）竞争者在短期内不易打入该商品的市场；（5）需求价格弹性小的商品。

课堂讨论：新手机上市，制造商经常采用取脂定价策略来推销其商品，为什么？

该策略的优点是：（1）能利用顾客的求新、求异心理，刺激消费；（2）由于定价偏高，在短期内可取得较大利润；（3）在竞争者大量进入市场时，便可主动降价，增强竞争能力。缺点是：（1）高价有风险，若消费者不了解、不熟悉新产品，出售不利，不利于打开市场，有时甚至会无人问津；（2）如果市场销路旺盛，利润大，很容易引来竞争者，导致竞争加剧。

小案例

美国宝丽来公司开始推出它的一次成像新式相机时，以高价上市，由于其特有的成像功能，许多顾客都争相选购。当销量开始减少时，公司便降低价格，将目标市场转向对价格敏感的一些顾客。

（二）渗透定价策略

渗透定价策略与取脂定价策略恰好相反，是指新商品在上市初期制定较低的价格，以便商品迅速渗透市场、扩大市场份额的一种策略。

渗透定价策略由于价格较低，一方面能及时打开商品销路，占领市场，另一方面又阻止竞争对手介入，有利于控制市场。采用此策略应具备以下条件：（1）企业具有强劲的经营能力，商品成本随销量上升而下降；（2）竞争较为激烈的商品；（3）商品特点不明显或不突出，容易被仿制，技术水平低的商品；（4）需求价格弹性大的商品。

该策略的优点是：（1）利用低价可以迅速打开商品销路，占领市场；（2）可以阻止竞争者进入市场，有利于控制市场。缺点是：风险大，一旦渗透失利，企业将会一败涂地。

课堂讨论：低价一定是好事吗？

（三）满意定价策略

满意定价策略又称温和定价策略，是指企业将价格定在高价与低价之间，兼顾企业本身和消费者的利益，使两者均能满意的价格策略，意在长期稳定销售增长中获得平均利润。这种策略主要适用于价格弹性小的日用工业品和重要的生产资料，优点是既能避免高价带来的竞争风险，又能防止低价策略给企业经营带来的损失，但是在试销期很难制定一个不高不低的适中价格。

二、需求差别定价策略

需求差别定价策略，是根据不同顾客的需求强度，不同的购买力，不同销售地点、销售时间等所产生的需求差异，制定不同的价格。其优点是强调顾客需求的不同特性，使企业定价最大限度地符合消费者需求，促进销售，有利于企业获得最佳的经济效益。需求差别定价法通常有以下几种形式：

1. 顾客差别定价。即对不同的顾客，制定不同的价格。如：我国的民航飞机票，本国籍乘客与外国籍乘客实行不同的价格；一般顾客与 VIP 顾客实行不同的价格；大客户与小客户实行不同的价格。

2. 地点差别定价。即随销售地点的不同而制定不同的价格。例如，影剧院、体育馆、飞机等，其座位不同，票价也不一样；旅游景区、娱乐厅里的商品销售价比商场、店铺里的商品价格要高。

3. 时间差别定价。即同一种商品价格随季节、节假日、双休日，甚至时钟的不同而变化。如：电影院、卡拉 OK 厅在白天与晚上的票价有别；长途电话，白天与晚上的收费标准有不同；旅游地的住宿费、机票的价格，旅游旺季与淡季不一样等。

4. 商品差别定价。即同种商品因其外观、花色、型号、规格、用途等的差异而制定不同的价格。

5. 交易差别定价。交易平台是买卖双方沟通信息的渠道。如，传统意义上的商店、无店铺销售的直销员、电视购物中的价格和网络时代的购买网站，不同的交易平台采用不同的价格。

三、心理定价策略

（一）整数定价策略

整数定价策略，是迎合消费者在购物时容易记住价格，方便不同商品价格比较，避免找零麻烦的心理，这种定价策略往往针对高档商品、名牌商品、大件商品等。例如，精品店的服装可以定价为 1 000 元，而不必定为 998 元。

（二）尾数定价策略

尾数定价策略，是针对消费者准确计价心理而制定价格的一种策略。就是使商品价格带个零头结尾，特别是奇数结尾。如 0.95 元、19.68 元、119.5 元等。这种价格能够使消费者产生它是经过精确计算，价格比较便宜的心理。这种方法往往适用于日用低廉消费品。

（三）声望定价策略

声望定价策略，是根据消费者“价高质必优”的心理和在消费者心目中有信誉和有声望的商品而制定的价格策略。这种方法适合于那些具有百年经营历史的商品，或历史名人曾使用过的名牌商品，或在某商品博览会上获奖商品，或高贵、名牌商品等。

小案例

四川泸州老窖股份有限公司，以其独特的传统酿造工艺、依靠特殊的原料与产地等特殊因素而生产的“国窖 1573”，近年来在高端白酒市场脱颖而出，树立了中国高端白酒的形象。例如，国窖“典藏”销售价为 888 元，“经典 60 度”销售价为 3 280 元，进一步提升了“国窖 1573”的品牌知名度和美誉度。

（四）招徕定价策略

招徕定价策略，是根据消费者长期认同某商品而又尚未购买的心理，采用适当降价，招徕消费者购买，从而推动和扩大销售的一种策略。这种策略适用于市场疲软时的销售淡季。

四、折扣定价策略

（一）现金折扣

现金折扣，是指在允许买主延期付款的情况下，因买主迅速支付所欠款项而给予的一种价格折扣，用以鼓励顾客及时付款。例如，一个生产者将一种商品开价为 1 000 元，可延期付款 30 天，如果买主在 10 天内付款，就可得到 2% 的折扣，如果在此期间没有付款，那么就损失 2%（20 元）的现金折扣。在其后的 20 天内付款，就要按发票上的开价支付。

（二）数量折扣

数量折扣，是指卖方因买方数量大而给予的一种价格减少。实行这种策略的主要目的是扩大销售，另外也可能获得运输和销售等费用的节省。数量折扣有非累进折扣和累进折扣两种。非累进折扣是规定顾客在一次购买达到一定数量或购买多种商品达到一定的金额所给予的价格折扣。累进折扣是规定在一定时间内，购买总数超过一定数额时，按总量给予一定的折扣。

（三）功能折扣

功能折扣又叫中间商折扣、交易折扣，是指制造商根据中间商在市场流通中担负的不同职能为基础而给予不同的价格折扣。其目的在于刺激各类中间商，充分发挥其在商品流通中的商业功能。运用功能折扣，可以鼓励中间商与本企业建立长期、稳定、良好的合作关系，而且在一定程度上具有隐蔽性，可以避免竞争对手采取直接降价的竞争。例如，制造商报价“100 元，折扣 20% 及 10%”，表示给批发商折扣的价格是 80 元，给零售商折扣 10%，即价格是 90 元。

（四）季节折扣

季节折扣，是卖方对买方在经营淡季购买商品时所给予的价格折扣。季节折扣以价格上的优惠鼓励买方在淡季购买，有利于减轻库存，加速商品流通，迅速收回资金，促进企业均衡生产，充分发挥生产和销售潜力，避免因季节需求变化所带来的市场风险。该策略适用于常年生产、季节消费的商品，零售业和旅游服务业使用得特别多。

五、地理定价策略

地理定价策略，是指卖方根据买方所在地区和双方承担运输费用程度的差异分别制定不同价格的策略。其主要形式有：

（一）原产地定价

原产地价格又称离岸价格，是卖方按照出厂价格交货或按产地某种运输工具上交货的价格。即卖主仅支付把商品装上运输工具（如轮船、火车或飞机）之前的费用，在装货地点把商品所有权转让给买主，然后由买主支付运费和承担运输中的风险。这一定价策略被认为是最公平的分摊运输费用的方法，而且能简化卖主的定价工作，但缺点是大大缩小市场范围，距离远者成本高，会影响买主到产地购买的积极性。

（二）统一交货定价

统一交货定价，是指销往不同地区的商品，执行统一价格的计算方法。也就是说，对全国不同地区的经销商或消费者，不论远近，都实行一个价。其优点是可减轻边远地区顾客的价格负担，可使企业赢得各个地区的顾客，也比较易于管理，能使企业维持一个全国性的广告价格。该策略比较适用于运费低廉或运费占成本比例很小以及商品体积小、重量轻的商品。例如，目前我国邮资就采取统一交货定价，如平信邮资都是0.8元，而不论发信人的远近。

（三）区域定价

区域定价，是指把商品的销售市场划分为几个大的区域，在每个地区内实行统一定价。一般来说，较远的地区定价高些，反之则定价低些。该策略介于产地交货定价和统一交货定价之间，其优点是定价简便、大体合理，缺点是同一价格区内，顾客远近也有不同，距离近的顾客较不合算。

（四）销地定价

销地定价又称买主所在地定价或到岸价格，是指卖方实行统一送货，承担运输和保险费用而确定计算的价格。这种方法适用于运费低、风险较小的商品。

六、产品组合定价策略

（一）产品线定价策略

产品线定价策略，是指针对整个产品线制定的价格。如松下电器公司向市场提供了多种不同的彩色照像、摄像机，从一个简单摄像机到一个带有自动定焦并具有感光控制器和两种速度的变焦镜头的复杂摄影机，其价格从低到高形成一条产品线，以满足不同层次人们的需要。

（二）替代品定价策略

如果企业生产或经营两种互为替代的商品，为了增加一种商品的销售量，可以把另一种商品的价格定高。尽管这种定价对后一种商品的销售量不利，但对整个企业利润的增加可能是有益的。如提高畅销品价格，降低滞销品的价格，可以扩大滞销品的销路，增加企业的总赢利。

（三）互补品定价策略

如果两种商品功能相互依赖，需要连带使用或消费的商品，为了增加其中一种的销售量，应降低另一种商品的价格直至成本水平。通常是降低价值高购买频率低、需求弹性高的商品价格，同时提高购买频率高、需求弹性低的商品价格，使企业两种商品总的经营效果达到最佳。例如，电子游戏机卖得很便宜，但其游戏软件卖得很贵。

课堂讨论：常见的互补商品有哪些？

（四）单一产品定价策略

如果企业销售品种多，成本差别不大，为方便顾客挑选和内部管理需要，可将全部产品实行单一的价格。例如，中国足球甲 A 联赛有时不单卖一场票，而是将一年的全部主场比赛合在一起售票。

（五）配套商品定价策略

把多种产品搭配成套，一起卖出，应比单件购买价格定价便宜。例如，饭店不单独出租客房，而是将客房、膳食和娱乐一并出售收费。

第四节 价格调整策略

商品价格制订之后，如果市场竞争情况发生了较大变化，就需要及时加以调整。价格调整策略就是研究企业在不断变化的竞争环境中的变价和竞争者对变价的反应。

一、企业主动调整价格

这是企业在市场竞争中对某些商品的供求状况已有较准确的预测，为了先发制人，取得竞争的主动权，企业主动降价或提价。

（一）降价

企业内外部条件的变化，常常要求企业降低价格。当然，降低价格可能会影响整个行业的协调，也可能导致同行业内竞争的加剧。企业在下列情况下必须考虑降价：

1. 企业的生产能力过剩，需要扩大销售，而又不能通过改进和加强销售工作来扩大销售的。

2. 在强大竞争者的压力下，企业的市场份额下降。例如，在国际市场上，美国的汽车、电子产品、照相机、钟表等行业，由于日本竞争者的质量较高，价格较低，已经丢掉了一部分市场，在这种情况下，美国一些公司不得不降价竞销。

3. 企业的成本费用比竞争者低，试图通过降价来掌握市场或提高市场份额，从而扩大生产和销售量，降低成本费用。在这种情况下，企业往往也主动降价。

（二）提价

虽然提价会引起消费者、中间商和企业推销人员的不满，但是一个成功的提价可以使企业的利润大大增加。引起企业提价的主要原因如下：

1. 成本上升，企业承担不起，不提价难以维持。通过提价，减轻成本上升的压力。

2. 产品供不应求，不能满足所有消费者的需求。

3. 发生通货膨胀，商品价格低于价值，不得不以提价来减少货币贬值造成的损失。

4. 营销策略的需要。财力雄厚的大企业经常将商品价格提高到同类产品之上，确定

“优质高价”的形象，以取信于消费者。

在提价方式的选择上，企业应尽可能多采取间接提价，同时，通过各种渠道向顾客说明提价的原因，配之相应的产品策略和促销策略，以减少顾客的不满，维护企业形象，提高消费者对企业的信心，使提价能被潜在的消费者普遍接受，不影响销量和利润，把提价的不利影响减到最低限度。

二、消费者对价格调整的反应

企业无论对商品提价或降价，这种行为必然影响消费者。一般情况下，消费者对调价会作出以下反应。

（一）降价反应

消费者通常会这样认为，此商品样式已老，将会被新型的商品所取代；此商品有某些缺点，销售不畅；企业财务困难，难以继续经营下去；价格还会进一步下跌，或这种商品质量下降了。

（二）提价反应

消费者对于企业提价的理解可能是：这种商品很畅销，不赶快买就买不到了；这种商品很有价值；此价格看涨，将来一定更贵，不如先买下来保值；卖主想尽量取得更多利润；企业赚昧心钱，不道义等。

一般地说，消费者对于价值高低不同的商品价格变动的反应有所不同。对于那些价值高和经常购买的商品价格变动较敏感，而对于那些价值低和不经常购买的商品，即使单位价格上调，消费者也不大注意。

三、竞争者对调价的反应

企业在决定变价时，除了要考虑消费者的反应外，还要研究分析竞争对手的态度。营销学认为，企业可以从以下两个方面来估计、预测竞争对手对本企业的价格变动的可能反应。

1. 假设竞争对手采用老一套办法来对付本企业的价格变动。此种情况下，竞争对手的反应是可以预测的。

2. 假设竞争对手把第一次价格变动看做是新的挑战，并根据当时自己的利润作出相应的反应。在此种情况下，企业就必须判断当时竞争对手的利益是什么，目前的财务状况如何，近来的销售和生产能力怎样，销售目标和顾客的忠诚度如何。

四、企业被动调整价格

企业被动调整价格，是指由于竞争者首先调整了价格，迫使本企业必须采取适当的价格调整对策。被动调整价格，也包含着被动降价与被动提价两种做法，但从策略上讲，两者都是为了应对竞争者的调价而及时作出的一种反应。

企业在对竞争者价格变动作出适当反应之前，必须调查研究以下问题：

1. 为什么竞争者要变价？

2. 竞争者打算暂时变价还是永久变价？

3. 如果对竞争者的变价置之不理，将对企业的市场份额和利润有何影响？其他企业是否会作出反应？

4. 本企业对竞争者价格调整作出反应后，竞争者和其他企业又会作出何种反应？

在对竞争者调整价格的目的及同行业的反应进行研究的基础上，根据本企业的具体情况，可采取相应的对策。如不予理睬；随之升降；迅速退出或转移市场；低价反攻；或增加新的服务等。

在同质市场上，如果竞争者削价，企业也必须随之削价，否则消费者就会购买竞争者的产品；如果某一企业提价，其他企业可能会随之提价（如果提价对整个行业有利），但是，如果其他企业不随之提价，那么，最先发动提价的企业也不得不取消提价。

在异质市场上，企业对竞争者价格变动的反应则有更大的回旋余地。顾客选择卖主时不仅考虑价格高低，而且还考虑质量、服务、可靠性等因素，因而在这种市场上，消费者对于较小的价格差异没什么反应或反应不敏感。

在变动价格时，企业不可能有很多时间来分析企业的选择。竞争者可能花了大量时间来准备变价，而本企业则必须在较短时间内明确果断地作出适当反应。准确地预料竞争者的可能价格变动，并预先准备适当的对策，是企业缩短价格反应决策时间的途径。

相关链接

价格欺诈行为

《中华人民共和国价格法》第十四条第四项规定，经营者不得利用虚假或者使人误解的价格手段，诱骗消费者或者其他经营者与其进行交易。这种价格违法行为通常称作价格欺诈行为，又称欺骗性价格表示，是指经营者利用虚假或者使人误解的价格条件，诱骗消费者或者其他经营者与其进行交易的行为。

课后练习

一、单项选择题

1. 按照单位成本加上一定百分比的加成来制定销售价格的定价方法称为（　　）定价法。

A. 成本加成　　B. 目标利润　　C. 盈亏平衡　　D. 边际贡献

2. 当市场需求富有弹性且生产成本和经营费用随着生产经营经验的增加而下降时，企业便具备了（　　）的可能性。

A. 渗透定价　　B. 取脂定价　　C. 尾数定价　　D. 招徕定价

3. 企业利用消费者仰慕名牌商品或名店声望所产生的某种心理，对质量不易鉴别的商品的定价最适宜用（　　）法。

A. 尾数定价　　B. 招徕定价　　C. 声望定价　　D. 反向定价

4. 制造衬衣的企业根据衬衣的不同颜色或式样，经常定不同的价格，这一策略行为被认为是（　　）。

A. 地区定价　　B. 心理定价　　C. 折扣定价　　D. 差别定价

5. 制造商在与中间商洽谈商品价格业务过程中，制造商往往根据中间商在商品流通过程中所处地位不同，而给予不同的价格，这一价格策略被认为是（　　）。

A. 现金折扣　B. 数量折扣　C. 季节折扣　D. 功能折扣

6. 卖方为引导消费者购买较多的商品而给予相应的优惠许可，往往采用的方法策略是（　　）。

A. 季节折扣　B. 尾数折扣　C. 数量折扣　D. 地区折扣

7. 企业根据不同购买（　　），如旺季或淡季、节假日、双休日等确认不同的商品价格。

A. 位置　B. 对象　C. 时间　D. 商品规格

8.（　　）是企业把全国分为若干价格区，对于卖给不同区域顾客的产品分别制定不同的地区价格。

A. 原产地定价　B. 区域定价　C. 统一交货定价　D. 基点定价

9. 如果企业按原产地定价出售，那么从产地到目的地发生的一切短损都将由（　　）承担。

A. 企业　B. 顾客　C. 承运人　D. 保险公司

10. 体育馆对于不同座位制定不同的票价，采用的是（　　）策略。

A. 形式差别定价　B. 需求位置差别定价

C. 顾客差别定价　D. 销售时间差别定价

11. 在强大的竞争压力之下，企业的市场占有率（　　），在这种情况下，企业就需考虑降价。

A. 下降　B. 上升　C. 波动　D. 不变

二、多项选择题

1. 影响企业定价的主要因素有（　　）等。

A. 定价目标　B. 商品成本　C. 市场需求　D. 经营者意志

2. 企业定价目标主要有（　　）等。

A. 维持生存　B. 当期利润最大化

C. 保持和提高市场占有率　D. 质量最大化

E. 成本最小化

3. 变动成本定价法所考虑的因素是（　　）。

A. 单位固定成本　B. 单位变动成本　C. 单位边际贡献　D. 产品产量或销量

4. 下列哪些商品最适宜使用拍卖定价法？（　　）

A. 字画　B. 无主商品　C. 新商品　D. 缉获的走私品

E. 流行商品

5. 企业在运用渗透定价策略时，其基本条件是（　　）。

A. $E>1$　B. 生产或经营能力强　C. 商品技术含量低

D. $E<1$　E. $E=1$

6. 企业定价方法主要有（　　）。

A. 成本导向　B. 需求导向　C. 竞争导向　D. 效益导向

7. 以下属于心理定价策略的是（　　）。

A. 声望定价　B. 区域定价　C. 尾数定价　D. 基点定价

E. 招徕定价

8. 价格折扣策略主要有（　　　）等类型。

A. 现金折扣　　B. 数量折扣　　C. 功能折扣　　D. 季节折扣

9. 产品组合定价策略具体可分为（　　　）。

A. 产品线定价策略　B. 互补品定价策略　C. 单一产品定价策略 D. 配套产品定价策略

10. 引起企业提价主要有（　　　）等原因。

A. 通货膨胀，物价上涨　　B. 企业市场占有率下降

C. 供不应求　　D. 企业成本费用比竞争者低

E. 生产能力过剩

11. 一般说来，顾客对于企业提价可能会这样理解（　　　）。

A. 有某些缺点，销售不畅　　B. 价格会进一步下跌

C. 卖主想尽量取得更多利润　　D. 很有价值

E. 很畅销，不赶快买就买不到了

三、判断题

1. 营销价格是一门科学，也是一门艺术，是活泼的，是灵活的，它以消费者可接受，又能使企业获取利益为出发点。（　　）

2. 需求价格弹性反映的是价格变动对需求变化产生影响的程度。（　　）

3. 成本是商品价格定价的经济界限。（　　）

4. 企业追求利润最大化为定价目标，必须通过定高价来实现。（　　）

5. 面对激烈的竞争，企业为了生存和发展，在任何时候都应始终坚持只降价不提价的原则。（　　）

6. 提价会引起消费者、经销商和企业推销人员的不满，因此提价不仅不会使企业的利润增加，反而导致利润的下降。（　　）

7. 企业提价的主要原因是由于通货膨胀，物价上涨，企业的成本费用提高或商品供过于求。（　　）

四、简答题

1. 影响企业定价的主要因素有哪些?

2. 企业的定价目标主要有哪些?

3. 企业定价时应遵循怎样的基本程序?

4. 企业定价策略包括哪些内容?

5. 举例说明声望定价、尾数定价各在什么情况下适用?

6. 观察你熟悉的一种消费品，分析它的定价策略及其特点?

五、案例分析

1. 以下案例均采用了何种定价策略?

（1）一台价值 4 527 元的电脑定价为 4 580 元。

（2）100 克包装的方便面定价为 1.5 元。

(3) ENICAR（英纳格）瑞士女式手表名声很高，售价在千元以上，该手表特别受到社会名流女士的青睐，市场声誉始终保持很高的水平。

(4) 为拓展某市市场，A 品牌在 2××6 年“十一”黄金周来临前，将一款原价 1 988 元的产品降价至 1 488 元向经销商放量供应，并要求各经销商统一以 1 588 元的零售价进行销售，以形成对市场的渗透力与冲击力。

2. 案例：

丰田公司认识到全世界有大量的消费者希望得到和承担一辆昂贵的汽车。在这群人中，许多消费者愿意买奔驰，但又认为价格过高了。他们希望购买像奔驰同样性能的车，并且价格要合理。这给了丰田一个想法，开发一辆能与奔驰竞争的轿车，一个聪明的购买者欲获得身价但不会浪费钱。丰田的设计者和工程师开发了凌志汽车并开展多方位的进攻。新汽车像雕塑品，安装精良，内部装饰豪华，丰田的广告画面旁边显示的是奔驰，并写上标语：“这也许是历史上第一次，只需花 36 000 美元就能买到值 73 000 美元的高级轿车。”丰田努力挑选能高度胜任的经销商和精心设计陈列室，并把销售作为汽车设计的工作之一，陈列室有宽敞的空间，布置了鲜花和观赏植物，免费提供咖啡，备有专业的销售员。经销商开列了潜在客户的名单，向他们寄发手册，内含 12 分钟戏剧性体现凌志绩效功能的录像带。例如，录像带显示工程师把一杯水放在引擎上，当奔驰引擎发动时，水发生抖动，而凌志却没有，这说明凌志有更平稳的引擎和提供更稳定的驾驶。录像带更戏剧性地展示，把一杯水放在操纵盘旁，当凌志急转弯时，水不溢出来——这令人兴奋。购买者向他们的朋友到处介绍，成了新凌志的最好的销售员（免费的）。

思考与分析：

针对凌志的挑战，奔驰应该如何应对？（应该采取什么样的市场营销组合策略）

第9章

分销策略

学习目标：
- ☐ 了解分销渠道的概念与功能
- ☐ 了解分销渠道的基本模式与类型
- ☐ 明确中间商的分类和特征
- ☐ 掌握分销渠道策略选择及影响分销渠道选择的因素
- ☐ 掌握分销渠道的管理

微信分销的成功

“北京故事”借助微信，半年时间在全国积累了五万粉丝和会员，启动“0投入、0风险、0库存”微店合伙人计划，抢占移动电子商务的先机。

通过微客宝，活动当天共有1 068个会员申请了微店，称为微店合伙人。

“微商城+微店分销”的模式输出是“北京故事”在市场上竞争的法宝，再配以自身不俗的实力，“北京故事”在全国120多家城市拥有了近3 000家的微店分销商，微店最高月销量突破10万元，其开创的线上微店合伙人计划正式成为行业内新的商业模式，引领着中国丝巾市场。

[思考]

如何开拓新的分销渠道？

第一节　分销渠道概述

一、分销渠道的概念及功能

（一）分销渠道的概念

分销渠道是指某种货物和劳务从生产者向消费者转移时取得这种货物和劳务的所有权或帮助转移其所有权的所有企业和个人。包括供应商、生产者、中间商、辅助商以及最后消费者或用户等。生产企业和消费者分别处于分销渠道的两个端点。

（二）分销渠道功能

分销渠道的基本功能就是把商品从生产者那里转移到消费者手里。它弥补了产品、服务和其使用者之间的缺口，主要包括时间、地点和所有权等缺口。其目的在于消除产品（或服务）与使用者之间的差距。分销渠道具有以下重要功能：

1. 研究。搜集制定计划和进行交换时所必需的信息。
2. 促销。进行关于所供应的货物的说服性沟通。
3. 接洽。寻找可能的购买者并与其进行沟通。
4. 配合。使所供应的货物符合购买者需要，包括制造、评分、装配、包装等活动。
5. 谈判。为了转移所供货物的所有权，而就其价格及有关条件达成最后协议。
6. 实体分销。从事商品的运输、储存。
7. 融资。为补偿渠道工作的成本费用而对资金的取得与支配。
8. 风险承担。承担与从事渠道工作有关的全部风险。

在不同的分销渠道中，这些功能由不同的渠道成员承担。这些功能交给渠道成员来执行，比生产者自己承担可节省费用、降低风险，亦能提高效率和效益，更好地满足目标市场的需求。当渠道结构改变时，这些功能的结合方式也会发生变化。

二、分销渠道的类型

（一）分销渠道层级结构与渠道模式

分销渠道层级结构，是指按照其包含的渠道中间商（购销环节），即渠道层级数量的多少来定义的一种渠道结构。通常情况下，根据包含渠道层级的多少，可以将一条营销渠道分为零级渠道模式、一级渠道模式、二级渠道模式和三级渠道模式。图 9－1 说明了几种不同层级的分销渠道模式。

零级渠道，是由生产者直接销售给最终顾客。直接营销的主要方式是上门推销、家庭展示会、邮购、电话营销、网上销售和制造商自设商店。如雅芳公司的销售代表基本上都是上门向顾客推销化妆品等。

一级渠道包括一个销售中间机构，如零售商。二级渠道包括两个中间机构。在消费者市场，它们一般是一个批发商和一个零售商。三级渠道包括三个中间机构。例如，在肉类包装行业中，批发商出售给中转商，它再售给零售商。也有级数更长的分销渠道。然而从生产者的观点看，渠道级数越高，获得最终用户信息和控制也越困难。

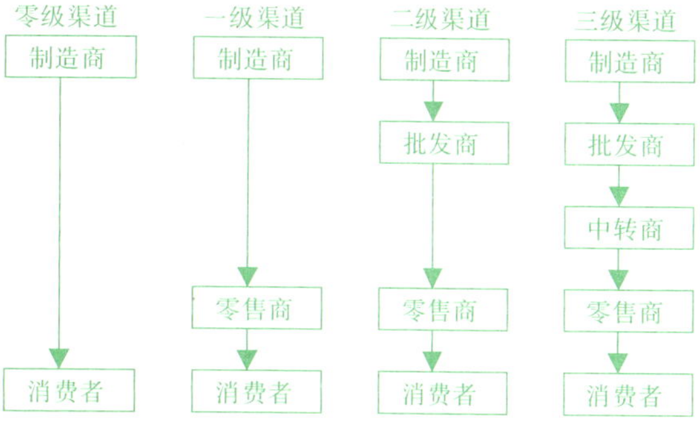

图9－1　消费者市场营销渠道

小案例

迈克·戴尔被誉为华尔街的赚钱机器，但他从来不被认为是一名技术先锋，他的成功大半归功于给计算机业带来翻天覆地变化的直销飓风：越过零售商，将产品直接销售给终端用户。正如戴尔所言："远离顾客无异于自取灭亡。还有许多这样的人——他们以为他们的顾客就是经销商！"

DELL公司为何能独领风骚？其经验可归纳为五点：（1）为客户提供"量体裁衣"式的服务；（2）采用零库存运行模式；（3）速度最快，应用最新的零件技术，快速组装；（4）销售环节最少，消费者通过免费直拨电话定制；（5）网络销售，80%的新客户都通过这一渠道。依靠直销模式，DELL公司取得了巨大成功，创造了网络时代一个让人热血沸腾的神话。

（资料来源：http：//www. xtzyjwc1. cn：81/webedit/UploadFile/。）

图9－2是常见的工业品市场分销渠道。工业品市场生产者可利用其销售人员直接销售产品给工业品顾客；或者销售给工业品经销商，由工业品经销商销售给工业品顾客；或者可通过生产商的代表或自属的销售分支机构直接销售给工业品顾客；或者通过工业品经销商销售给工业品顾客。

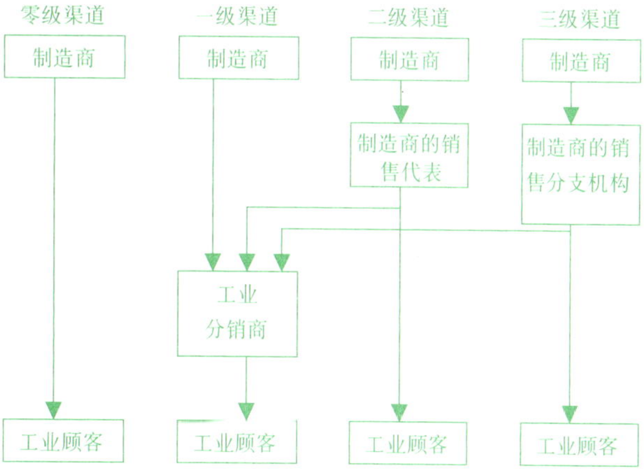

图9－2　工业市场营销渠道

（二）直接渠道与间接渠道

1. 直接渠道。直接渠道也称为零渠道，是指生产企业不通过中间商环节，直接将产品销售给消费者，其形式是零级渠道，直接渠道是工业品分销的主要渠道模式。

直接渠道的优点：（1）有利于产需双方沟通信息，可以按需生产，更好地满足目标顾客的需要；（2）可以降低产品在流通过程中的损耗。由于去掉了产品流转的中间环节，减少了销售损失，能加快产品的流转；（3）可以使购销双方在营销方式上相对稳定；（4）可以在销售过程中直接进行促销。企业直接分销，可以针对最终客户开展促销活动。

直接渠道的缺点则表现在：（1）不利于销售市场的扩大；（2）抬高企业的经营成本，增加资金耗费及销售的风险。

2. 间接渠道。间接渠道是指生产者利用中间商将商品供应给消费者或用户，中间商介入交换活动。间接渠道的典型形式是：制造商—批发商—中转商—零售商—消费者。如何利用间接渠道使自己的产品广泛分销，已成为现代企业进行市场营销时所要研究的重要课题之一。

间接渠道的优点表现在：（1）有助于产品广泛分销；（2）缓解生产企业人、财、物等力量的不足；（3）可以进行间接促销；（4）有利于企业之间的专业化协作。

间接渠道的缺点则表现在：（1）可能形成“需求滞后差”；（2）可能加重消费者的负担，导致抵触情绪；（3）不便于直接沟通信息。

（三）宽渠道与窄渠道

根据分销渠道的每个环节中使用同类型中间商数目的多少把分销渠道分为宽渠道和窄渠道。

1. 宽渠道。企业使用的同类中间商多，产品在市场上的分销面广，称为宽渠道。如卷烟厂通过许多批发商、零售商将其生产的香烟推销到广大地区和广大消费者手中，这种分销渠道就较宽。

特点：宽渠道分销范围广，广大消费者可以随时、随地买到企业的产品；而且可以造成中间商之间的竞争。但由于同类型的中间商数目多，使中间商推销企业的产品不专一，不愿为企业付出更多的费用；另外，在宽分销渠道中，生产企业和中间商之间的关系松散，使得在交易中中间商会不断变化，如图 9－3 所示。

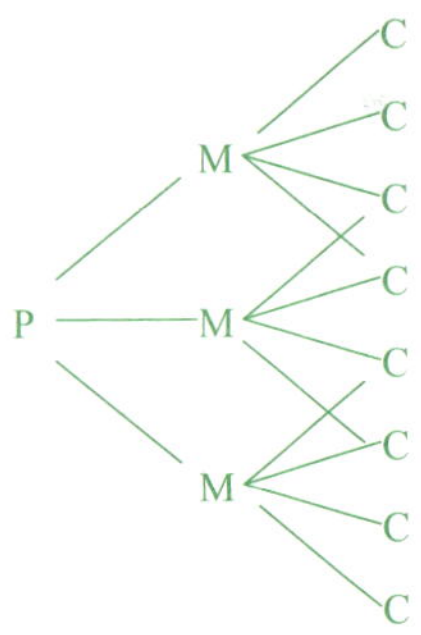

P——生产者 C——消费者 M——中间商

图 9－3 宽渠道系统

2. 窄渠道。企业使用的同类中间商少，分销渠道窄，称为窄渠道。如摩托车生产企业只通过少数批发商或零售商销售其产品，或在某一地区只授权某一批发企业或零售企业经销其产品，这种分销渠道就比较窄，如图 9－4 所示。

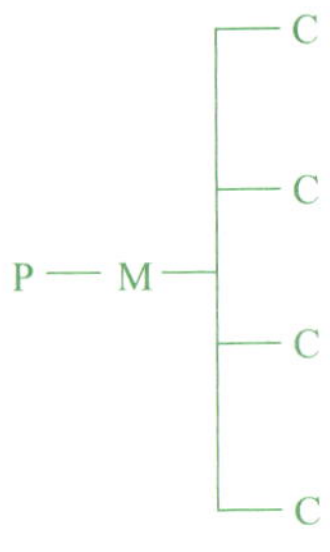

P——生产者 C——消费者 M——中间商

图 9－4 窄渠道系统

特点：窄的分销渠道使用范围较窄，适用于销售技术性强、生产批量小的商品，生产企业只选择那些熟悉本企业产品技术性能的中间商经销自己的产品。它的优点是生产企业和中间商之间的关系密切，相互间有较强的依附关系，销售和生产相互促进。不足的是风险较大，一旦双方关系出现变化，便会影响生产或销售。

根据分销渠道宽窄的不同，有以下选择策略：

- 密集型分销渠道，也称为广泛型分销渠道，就是指制造商在同一渠道层级上选用尽可能多的渠道中间商来经销自己的产品的一种渠道类型。密集型分销渠道，多见于消费品领域中的便利品，比如，牙膏、牙刷、饮料等。
- 选择性分销渠道，是指在某一渠道层级上选择少量的中间商来进行商品分销的一种渠道类型。一般说，消费品中的选购品、工业品中的零配件宜采用此分销形式。在 IT 产业链中，许多产品都采用选择性分销渠道，比如东芝笔记本、惠普打印机的产品渠道就是如此。

• 独家分销渠道，是指在某一渠道层级上选用唯一的一家渠道中间商的一种渠道类型。奢侈品和服装企业多采用此分销渠道模式。同时，许多新产品的推出也多选择独家分销的模式，当市场广泛接受该产品之后，许多公司就从独家分销渠道模式向选择性分销渠道模式转移。

三、分销渠道系统的发展

（一）垂直营销系统

垂直营销系统是由生产者、批发商和零售商根据纵向一体化的原理所组成的一种统一的联合体。一个渠道成员作为渠道领袖拥有其他成员的产权，或者是一种特许经营关系，或者这个渠道成员拥有相当实力，其他成员愿意合作。垂直营销系统有利于控制渠道行动，消除渠道成员为追求各自利益而造成的冲突。它们能够通过其规模、谈判实力和重复服务的减少而获得效益。垂直营销系统已经成为一种占主导地位的分销形式，在市场中占有较大的比重。

（二）水平式渠道系统

指由两家以上的公司联合起来的渠道系统。它们可实行暂时或永久性的合作。这种系统可发挥群体作用，共担风险，获取最佳效益。

（三）多渠道营销系统

指对同一或不同的分市场采用多条渠道营销系统。这种系统一般分为两种形式：一种是生产企业通过多种渠道销售同一商标的产品，这种形式易引起不同渠道间激烈的竞争；另一种是生产企业通过多渠道销售不同商标的产品。

（四）分销渠道的发展趋势

分销渠道是为生产与消费服务的，信息流、货币流、物流、所有权流、促销流等营销流程的变化和发展会导致分销渠道的相应改变。从目前来看，分销渠道系统有以下一些发展趋势：

1. 大型零售商的地位正在加强。大型零售商直接面对市场，掌握着众多直接接触消费者的窗口，拥有第一手的市场信息，对市场风向感受灵敏。由于买方市场的形成，零售商在分销渠道体系中的竞争优势不断增强。从世界范围来看，在美国、香港等竞争激烈的市场，零售商对制造商已提出了咄咄逼人的挑战，如沃尔玛超市。

2. 零售商业的多业态化。大型百货、超市、连锁商店、折扣店等的蓬勃发展，它们规模大、进货大，承担了部分批发商的功能。下游零售商势力增加，上游制造商又努力向下游扩展，对批发商形成压力。

案例分析

可口可乐进入杭州饮料市场较早，一直独占着杭州的碳酸饮料市场，百事可乐虽然窥探这个市场已久，但久攻不下。百事可乐通过大量调查发现：杭州大中专院校学生消费的可乐量很大，但现有的可口可乐对这个渠道的关注度不够，其为学校提供的仍然是大瓶装可乐，可乐现调机只放置于繁华街道的路旁。而学生十分需要的是杯装的可乐现调机冲饮与小瓶装可乐。

于是，百事可乐为学生制订了特别的经营模式，靠深入研究顾客在终端的消费特点并一举成功，进而突破到其他终端，最终从可口可乐手中抢下了一部分市场。现在杭州的局面已是百事可乐与可口可乐共分天下了。

（资料来源：http：//portal. vsharing. com/k/others/2006－8/529635. html。）

分析：企业建立终端的过程本质上就是渠道的建设维护和创新，研究市场行为并准确构建分销渠道，终端就会体现自身的力量。

3. 传统的分销渠道向纵向联合渠道转化，渠道成员之间趋向组成一个联合体，以增强竞争力。

4. 电子商务的出现，信息流相对超前发展，使物流体系成为瓶颈，如何建设信息流、货币流、物流、所有权流、促销流有机结合的社会电子商务物流体系，成为研究的热点。同时，企业也在思考，在网络经济时代，如何利用互联网提供更多的顾客价值，将网络经济与传统产业成功地融合在一起。

小案例

2012 年 8 月 11 日，广东一家家电企业负责电子商务渠道的王羽接到了一个熟悉的电话，对方是京东商城采销部门的接洽者：京东商城准备最近再搞一次大家电的促销，能不能再协调出一些促销机型来？

三天后，京东商城董事局主席兼 CEO 刘强东在微博上放话：京东大家电三年内零毛利。四个半小时后，他又在另一条微博中宣布，从 8 月 15 日上午 9 点开始，京东商城所有大家电价格都比苏宁线上线下便宜。

其后，苏宁易购宣布应战，当当、易迅等电商也卷入其中，继“6 · 18”大促销后，又一场电商价格战就此开打。

8 月 15 日当天，王羽提供的几款清货产品出现在了京东此次特价产品的名单中，价格略高于底价。按照他与京东采销人员的协商，这些产品的底价作了一定程度的下调，对这些产品，京东将不再收取返点。

并非所有的家电厂商都会如此配合。“8 · 15”前几天，京东的采销人员也曾与广东几家大型家电厂商沟通，一方面是争取价格战的资源，另一方面是为即将到来的 9 月、10 月旺季订货。但是它们或因备货时间太短、缺货，或者感受到来自国美、苏宁线下渠道的压力，未能参与此次价格战。

家电厂商们显然还没有完全适应电子商务网站这种新兴渠道的行事风格和节奏，而且现在它们也还难以全身心拥抱这种销售渠道，一方面，这可能会与现在仍然作为主渠道的线下经销体系存在矛盾；另一方面，长期以来与国美、苏宁等渠道商打交道的被动局面，让它们不得不小心翼翼，以免重蹈覆辙。

（资料来源：http：//finance. sina. com. cn/roll/20120823/160312936748. shtml。）

第二节 中 间 商

一、中间商的含义

中间商是指处于生产者和消费者之间，参与产品交易活动，促进买卖行为发生和实现的具有法人资格的经济组织或个人。包括批发商、零售商、代理商和经纪人。

二、中间商的功能

中间商在商品由生产领域到消费领域的转移过程中，起着桥梁和纽带的作用。由于中间商的存在，不仅简化了销售手续，节约了销售费用，而且还扩大了销售范围，提高了销售效率。中间商的功能主要体现在以下几个方面：

1. 提高流通效率。图9－3表明了使用中间商的经济效益。生产者直接将产品售予9个顾客，需要进行9次交易。在同样条件下，通过3个中间商，则交易次数降到3次。交易次数的减少，使得产品流通的效率大大提高。这样，中间商的介入帮助生产者减少了工作量。

2. 调节生产与消费之间的矛盾。中间商起着商品流通的“蓄水池”作用。一方面，中间商的存在可以缓和供需之间在时间、地点和商品数量、种类等方面的矛盾；另一方面，中间商的存在能为生产者和消费者带来方便。对消费者而言，中间商充当了他们的采购代理，中间商可以在合适的时间和地点提供所需要的产品、灵活的付款方式和条件以及周到的售后服务；而对于生产者或贸易企业来说，中间商的存在使企业的销路有了保证，降低了流通成本。

3. 有效分担企业的市场营销职能。大多数生产者缺乏将产品直接销售给最终顾客所必需的资源与能力，而这些正是中间商所擅长的。中间商由从事市场营销的专业人员组成，他们更了解市场，更熟悉消费者，对各种营销技巧掌握得更熟练，更富有营销实践经验，并握有更多的营销信息和交易关系。因此，由他们来承担营销职能，工作将更有成效，营销费用相对较低。尤其是企业打算进入某个陌生的地区市场时，中间商的帮助更为重要。

4. 监督检查产品。中间商在订购商品时就考察了厂家在产品方面的设计、工艺、生产、服务等质量保证体系，或者根据生产厂家的信誉、产品的名牌效应来选择产品；进货时，将按有关标准严格检查产品；销售产品时，一般会将产品划出等级。这一系列的工作起到了监督检查产品的作用。

5. 传递信息。中间商在从生产厂家购买产品和向消费者销售产品的过程中，将向厂家介绍消费者的需求、市场的信息、同类产品各厂家的情况；也会向消费者介绍各厂家的特点。无形中传递了信息，促进了竞争，有利于产品质量的提高。

三、批发商

（一）批发商的性质和作用

如果购买的目的是为了向其他商品经营单位转售，或向生产企业提供设备和生产资料，而不是为了销售给最终消费者或用户，那么，这样的经营单位就是批发商。批发商处于商品流通起点和中间阶段，交易对象是生产企业和零售商，一方面它向生产企业购进商品，另一方面它又向零售商业批销商品，并且是按批发价格经营大宗商品。其业务活动结束后，产品仍处于流通领域中，并不直接服务于最终消费者。批发商是商品流通的大动脉，是关键性的环节，它是连接生产企业和商业零售企业的枢纽，是调节商品供求的蓄水池，是沟通产需的重要桥梁，对企业改善经营管理及提高经济效益、满足市场需求、稳定市场具有重要作用。

1. 批发商专门从事市场产品流通业务，把生产商的供给与零售商的需求结合在一起。

2. 独立批发商采购产品后，通过分类、分等、分割、分包，使各个生产商生产的各类商品分配成零售商所需要的货色，供应给零售商，以满足消费者的多样化需求。

3. 批发商把来自生产商和零售商（代表消费者）的购销信息汇集在一起，成为沟通信息的中枢。

4. 独立批发商还通过仓储、运输等业务，调节不同时间、不同地区的供求。

此外，批发商还具有多种服务功能，包括帮助厂家扩大宣传、提高产品声誉、诱导消费需求；协助零售商，为其提供支援和服务（商业信用等资金融通的服务）；为生产厂家提供产品开发、竞争趋势等信息。

（二）批发商的主要类型

批发商主要有三种类型，即商人批发商、经纪人和代理商、制造商的销售机构。

1. 商人批发商。也称为独立批发商，指的是自己进货，取得商品所有权后再批发出售的商业企业。商人批发商是批发商的最主要的类型。商人批发商按职能和提供的服务是否完全可以分为两种类型：

（1）完全服务批发商。完全服务批发商执行批发商的全部职能，他们提供的服务主要有保持存货、提供信贷、运送货物以及协助管理等。

（2）有限服务批发商。有限服务批发商为了减少成本费用，降低批发价格，因而只执行批发商的部分职能。

2. 经纪人和代理商。经纪人和代理商是从事购买、销售或二者兼有的洽商工作，但不取得商品所有权的商业单位。与商人批发商不同的是，他们对其经营的产品没有所有权，所提供的服务比有限服务商人批发商还少，其主要职能在于促成产品的交易，借此赚取佣金作为报酬。与商人批发商相似的是，他们通常专注于某些产品种类或某些顾客群。

经纪人和代理商主要有以下几种：

（1）产品经纪人。产品经纪人的主要作用是为买卖双方牵线搭桥，协助双方进行谈判，成交后向雇佣方收取一定的费用。

（2）制造商代理（也称为制造商代表）。制造商代理代表两个或若干个产品线种类互补的制造商，分别和每个制造商签订有关定价政策、销售区域、订单处理程序、送货服务、各种保证以及佣金比例等方面的正式书面合同。

（3）销售代理商。销售代理商是在签订合同的基础上，为委托人销售某些特定产品或全部产品，对价格条款及其他交易条件可全权处理的代理商。

（4）采购代理商。采购代理商一般与委托人有长期关系，代委托人采购、收货、验货、储运。由于采购代理商消息灵通，因而可以向委托人提供有价值的市场信息，而且能以最低价格买到最好的货物。

（5）佣金商（也称为佣金行）。佣金商是指对委托销售的商品实体具有控制力并参与商品销售谈判的代理商。

3. 制造商的分销机构以及零售商的采购办事处。制造商的分销机构以及零售商的采购办事处，属于卖方或买方自营批发业务的内部组织。

（1）制造商的分销机构和销售办事处。制造商的分销机构执行产品储存、销售、送货以及销售服务等职能。

（2）零售商的采购办事处。许多零售商在大城市设立采购办事处，这些办事处的作用与经纪人或代理商相似。

四、零售商

零售商是指将商品直接销售给最终消费者的中间商，是相对于生产者和批发商而言的，处于商品流通的最终阶段。

零售商对整个国民经济的发展起着重大的作用。零售商种类繁多、经营方式变化快构成了多样的、动态的零售分销系统。

（一）零售商的作用

零售商在整个营销渠道中有着举足轻重的作用。对于制造商和批发商来说，他们既是营销者又是顾客，他们既要从事众多的营销活动诸如买、卖、分级整理、承担风险，又要搜集有关顾客需求的信息，为制造商和批发商服务。

对消费者而言，是分销渠道系统的终端，完成产品最终实现价值的任务。

相关链接

销售终端是指产品销售渠道的最末端，是产品到达消费者完成交易的最终端口，是商品与消费者面对面的展示和交易的场所，一般指超市、百货商店、连锁店、便利店等。通过这一端口和场所，厂家、商家将产品卖给消费者，完成最终的交易，进入实质性消费；通过这一端口，消费者买到自己需要并喜欢的产品。终端是竞争最激烈的具有决定性的环节，在终端柜台货架上各种品牌在这里短兵相接，如何吸引消费者的眼光和影响消费者的购买心理是终端工作的关键所在。

（二）零售商的分类

零售商按有没有店面分为商店零售商和非商店零售商。

1. 商店零售商。商店零售商是拥有实体店铺即拥有经销商品固定场所的零售商，一般分为：

（1）百货商店。百货商店的经营特色是经营的产品组合广而深。每一条产品线都作为一个独立部门实施专业管理，规模一般较大。百货商店大多设在城市繁华区和郊区购物中心，店内装饰富丽堂皇，橱窗陈列琳琅满目。

（2）专业商店。是专门经营某一类或几类专业性商品的商店。其产品线比较窄，但规格式样品种齐全，一般经营的主要商品类别为店名招牌。如服装商店、五金商店、饮食商店等。

（3）超级市场。超级市场是薄利多销、采取自助售货方式的大型零售商业组织，其出售的商品一一注明分量、定价、包装整齐地陈列在货架上或悬挂起来，顾客可自选自取，然后统一计价付款。

（4）便利店。便利店是一种以经营最基本的日常消费用品为主，规模相对较小，位于住宅区附近的综合商店。便利店营业时间较长，不少是24小时营业，且每周7天营业的商店。如日本的7－11连锁店。

（5）仓储商店。仓储商店的特点是店堂装饰简单、产品价格低廉、服务有限，商品既有家具等体积较大、比较笨重的用品，也有各种日常生活用品等。如德国的麦德龙仓储式超市。

（6）折扣商店。也是一种百货公司，是第二次世界大战后在美国出现的一种有影响的零售商店，因其价格具有吸引力，深受消费者喜爱。商品以日常用品为主，同一产品有两种价格，一是牌价，二是折扣价，消费者按折扣价购买。

（7）样本目录陈列商店。这种形式的商店是将商品样本陈列在店堂内，大部分是价值大、毛利高、周转快的商品，如珠宝、首饰、摄影器材等。同时印制成精美逼真的商品目录提供给消费者。

（8）超级商店、联合商店、特级商场。超级商店是以满足消费者的全部生活需求为目标而建立的，规模比超级市场更大，同时提供洗衣、支票兑现、餐饮、休息等服务项目。联合商店则比超级商店还要大，与医药和处方领域结合起来。特级商场比前面两者规模都大，综合了超级市场、折扣商店和仓储商店的特点，规模品种超出人们的日常所需，产品原装陈列，以减少搬运成本，并给愿意自行提货的消费者以价格优惠。

2. 非商店零售商。非商店零售商又称无店铺销售商，是指借助其他形式而非固定实体商店独立从事商品的零散卖出业务，并对经营的商品拥有所有权的企业。非商店零售商所借助的具体形式有：直复式营销、直接销售、自动售货、流动售货车、电视营销、电话营销、网络营销等。

3. 零售组织。零售组织主要有连锁商店、自愿连锁商店、零售店合作社、消费者合作社、特许专营机构和销售联合大企业这样 5 种类型，下面着重介绍其中的 3 种：

（1）连锁店。连锁经营主要有 3 种形式：正规连锁、自由连锁、特许连锁（也称为特许经营）。连锁店能够在市场竞争中取得成功的根本原因，就在于连锁经营形式能够促使其实现成本优势、价格优势、品牌效应、大销售量的良性循环。

案例分析

新渠道带来新便利

如果去附近的烟酒店买酒，会不会买到假酒？如果去超市买烟酒，会不会因为排长队而烦恼？2010 年 6 月，河南宅乐送商贸有限公司旗下连锁品牌“酒便利”第一批 6 家门店进入试营业，位置都在郑州市的居民聚集区或者交通主干道旁。这些连锁店统一装饰、统一采购、统一价格、统一配送，保证“打个电话，不到 20 分钟就能喝上一瓶冰镇啤酒”。

销售模式的创新带来了销售额的快速增长。酒便利从创建以来到现在，仍然以门店终端销售为主，公司至今也没有设立团购部门，所有的销售额均来自门店终端零售。公司强调，酒便利开设的初衷就是要做酒水行业的连锁零售企业，做能让大众消费者放心选购酒水的平台，打造河南省最专业的酒水连锁机构。因此，酒便利的产品定价也以“合理、平价”为原则，让消费者随时、随地、方便地买到放心、实惠的酒水。

随着酒便利连锁门店的增加，其在酒类生产、流通企业中的话语权也不断提高，全国一线白酒企业纷纷将核心产品授权酒便利经营，酒便利所零售的酒品价格要比其他名烟名酒店低 30% 左右。

截至 2012 年 8 月，酒便利已经在郑州市开设了 31 家连锁门店，基本保证市区内 10 分钟送达。

（资料来源：《中国经营报》，2011 年，12 月 7 日。）

分析：“酒便利”模式的出现，是酒类流通渠道上的一种新趋势，预计 3 ~ 5 年后，品牌化的连锁专卖将占据主导地位，一旦通过了市场检验，赢得了消费者的信任，并锁住一大批会员消费人群，将对传统的烟酒店形成冲击。

（2）消费者合作社。消费者合作社是一种消费者自发组织、自己出资、自己拥有的零售单位。消费者合作社采用出资人投票方式进行决策，并推选出一些人对合作社进行管理。

（3）销售联合大企业。销售联合大企业是一种组合形式的类公司，它以多种所有制的形式将不同类型、不同形式的零售商组合在一起从事多样化零售，并通过综合性、整体性的管理运作为所属零售商创造良好的经营环境与条件。

第三节　分销渠道选择与管理

一、影响分销渠道选择的主要因素

（一）市场因素

影响分销渠道选择的最重要的因素就是目标市场。营销者必须弄清并回答以下问题：谁是潜在顾客？他们要购买什么？为什么买？会在哪里买？会在何时买？如何购买？然后，集中考虑以下因素：

1. 目标市场范围。市场范围宽广，适用长、宽渠道；反之，适用短、窄渠道。
2. 顾客的集中程度。顾客集中，适用短、窄渠道；顾客分散，适用长、宽渠道。
3. 顾客的购买量、购买频率。购买量小，购买频率高，适用长、宽渠道；相反，购买量大，购买频率低，适用短、窄渠道。
4. 消费的季节性。没有季节性的产品一般都均衡生产，多采用长渠道；反之，多采用短渠道。
5. 竞争状况。除非竞争特别激烈，通常，同类产品应与竞争者采取相同或相似的销售渠道。

案例分析

市场定位与分销网络密度设计的关系

可视电话是近年来出现的一个新产品。由于产品前期的研发成本极高、产量小，一家公司决定将产品定价为 8 000 元一对。

为了迅速将产品推向市场，这家公司选择了国内几个主要的财经报纸与杂志登载招商广告，根据经销商首批订货量的大小来划分分销片区。于是，一些喜欢喝头啖汤的商人获得了经销权。他们将批量购进的可视电话打入商场或者家电市场，进行终端销售，有些也通过关系走团体购买渠道。一时间，该公司似乎取得了一定的销售量。

在由经销商所组织的各种销售活动中，沈阳的销售业绩反响最好。据说，一个商场一个月里走了该地区一半的货。经销商很兴奋，决定把产品打进包括大庆等周边所有的大中城市。

但是，两个月后，情况就急转直下，几乎所有的经销商都反馈该产品在终端市场销量大减，即使是沈阳，原来销售情况本来不错，但在大庆等周边城市设立分销点后，大庆的销量没有起来，沈阳市场反而更差了。

公司想不明白，为什么把网点铺开了，销量反而下降了呢？

（资料来源：蔡丹红、许水龙："结构分销网络与市场定位的刚性匹配"，http：//portal. vsharing. com。）

分析：该公司忽略了分销网络与产品市场定位的关系——设计分销网络时应充分关照目标顾客的心理需求。

（二）产品因素

1. 物理化学性质。体积大、较重、易腐烂、易损耗的产品适用短渠道或采用直接渠道、专用渠道；反之，适用长、宽渠道。

2. 价格。价格高的工业品、耐用消费品适用短、窄渠道，价格低的日用消费品适用长、宽渠道。

3. 时尚性。时尚性程度高的产品适宜短渠道，款式不易变化的产品，适宜长渠道。

4. 标准化程度。标准化程度高、通用性强的产品适宜长、宽渠道，非标准化产品适宜短、窄渠道。

5. 技术复杂程度。产品技术越复杂，需要的售后服务要求越高，适宜直接渠道或短渠道。

6. 新产品。为尽快地把新产品投入市场，扩大销路，生产企业一般重视组织自己的推销队伍，直接与消费者见面，推介新产品和搜集用户意见。如能取得中间商的良好合作，也可考虑采用间接销售形式。

（三）企业自身因素

1. 财务能力。财力雄厚的企业有能力选择短渠道，财力薄弱的企业只能依赖中间商。

2. 渠道的管理能力。渠道管理能力强的，适宜短渠道，管理能力较弱的企业适宜长渠道。

3. 控制渠道的愿望。愿望强烈，往往选择短而窄的渠道，愿望不强烈，则选择长而宽的渠道。

（四）中间商因素

各类各家中间商实力、特点不同，诸如广告、运输、储存、信用、训练人员、送货频率等方面具有不同的特点，从而影响生产企业对分销渠道的选择。

1. 合作的可能性。如果中间商不愿意合作，只能选择短、窄的渠道。

2. 费用。如果利用中间商分销的费用很高，只能采用短、窄的渠道。

3. 服务。如果中间商提供的服务优质，企业采用长、宽渠道；反之，只有选择短、窄渠道。

（五）环境因素

1. 经济形势。经济萧条、衰退时，企业往往采用短渠道，经济形势好，可以考虑长渠道。

2. 有关法规。企业选择分销渠道必须符合国家有关政策和法令的规定。某些商品在完成国家指令性计划任务后，企业可按规定比例自销，如专卖制度（如烟）、专控商品（控制社会集团购买力的少数商品）。另外，如税收政策、价格政策、出口法规、商品检验规定等，也都影响分销途径的选择。

二、分销渠道管理

企业管理人员在进行渠道设计之后，还必须对个别中间商进行选择、激励、评估和调整。

1. 选择渠道成员。总的来说，知名度高的、实力雄厚的生产者很容易找到适合的中间商；而知名度低的、新成立的、中小生产者较难找到适合的中间商。无论难易，生产者选择渠道成员应注意以下条件：能否接近企业的目标市场；地理位置是否有利；市场覆盖有多大；中间商对产品的销售对象和使用对象是否熟悉；中间商经营的商品大类中，是否有相互促进的产品或竞争产品；资金大小、信誉高低、营业历史的长短及经验是否丰富；拥有的业务设施，如交通运输、仓储条件、样品陈列设备等情况如何；从业人员的数量多少，素质的高低；销售能力和售后服务能力的强弱；管理能力和信息反馈能力的强弱。

2. 激励渠道成员。生产者不仅要选择中间商，而且要经常激励中间商使之尽职。促使经销商进入渠道的因素和条件已经构成部分激励因素，但生产者要注意对中间商的批评，批评应设身处地为别人着想，而不仅从自己的观点出发。同时，生产者必须尽量避免激励过分（如给中间商的条件过于优惠）和激励不足（如给中间商的条件过于苛刻）两种情况。

3. 评估渠道成员。生产者除了选择和激励渠道成员外，还必须定期地、客观地评估他们的绩效。如果某一渠道成员的绩效过分低于既定标准，则需找出主要原因，同时还应考虑可能的补救方法。当放弃或更换中间商将导致更坏的结果时，生产者只能容忍这种令人不满的局面；当不致出现更坏的结果时，生产者应要求工作成绩欠佳的中间商在一定时期内有所改进，否则就要取消它的资格。

4. 调整销售渠道。根据实际情况、渠道成员的实绩，对渠道结构加以调整：增减渠道成员，增减销售渠道，变动分销系统。

小案例

娃哈哈成都市场在终端运作上由于销售人员的力量不足（16 人）和二级批发网络的建设不够完善，一直处于被动局面。成都邮政不仅具有良好的品牌优势，还有人员优势，400 多名员工，每天穿梭于大街小巷中，有着较强的客户关系和网络优势，但是 400 多名送报员人力过剩，人员成本过高。娃哈哈与成都邮政局强强联合，在终端配送上建立了合作——邮政局为娃哈哈进行终端配送。于是，一夜之间娃哈哈在终端市场上的配送取得成功，任何对手也无法与之抗衡。而且真正可以达到双赢的目的，娃哈哈利用成都邮政局的优势进行渠道创新，深度分销，增加销量，提升品牌，而成都邮政局则可以利用娃哈哈的著名品牌和强势的产品结构拓展业务、增长利润、降低单人成本。通过邮政的物流配送及 185 信息平台，使终端零售店和消费者购物更便利，让“娃哈哈”这个民族品牌通过中国特有的绿色通道——成都邮政传递，将产品和温暖送达千家万户。

（资料来源：尚阳：“渠道差异化应对产品同质化”，中国管理传播网。）

课后练习

一、单项选择题

1. 零级渠道通常也叫做(　　)。
   A. 直接渠道　B. 间接渠道　C. 零售商　D. 渠道流程
2. 含有两个不同销售中介机构的渠道叫做(　　)。
   A. 零级渠道　B. 一级渠道　C. 二级渠道　D. 三级渠道
3. 企业使用的同类中间商多，产品在市场上的分销面广，称为(　　)。
   A. 宽渠道　B. 长渠道　C. 直接渠道　D. 窄渠道
4. 某软饮料制造商尽可能通过许多批发商和零售商销售商品，这一渠道策略称为(　　)。
   A. 独家分销　B. 选择性分销　C. 密集型分销　D. 集中分销
5. 由生产者、批发商和零售商根据纵向一体化的原理所组成的一种统一的联合体称为(　　)。
   A. 垂直营销系统　B. 水平营销系统　C. 多渠道系统　D. 集团分销系统
6. 经纪人和代理商属于(　　)。
   A. 批发商　B. 零售商　C. 供应商　D. 实体分配者
7. 经营的产品组合广而深的商店零售商是(　　)。
   A. 百货商店　B. 专业商店　C. 超级市场　D. 便利店
8. 薄利多销、采取自动售货方式的大型零售商业组织是(　　)。
   A. 百货商店　B. 专业商店　C. 超级市场　D. 便利店
9. 企业过去的渠道经验会影响渠道的选择，这一影响因素属于(　　)。
   A. 市场因素　B. 产品因素　C. 公司因素　D. 环境因素
10. 大型生产设备的分销应采用(　　)。
   A. 零级渠道　B. 一级渠道　C. 二级渠道　D. 三级渠道

二、多项选择题

1. 分销渠道的层级主要包括(　　　　)。
   A. 一级渠道　B. 二级渠道　C. 三级渠道　D. 多级渠道
   E. 零级渠道
2. 短渠道的好处有(　　　　)。
   A. 有利于产需双方沟通信息　B. 可以降低产品在流通过程中的损耗
   C. 使购销双方在营销方式上相对稳定　D. 企业可以直接进行促销
3. 根据分销渠道的每个环节中使用同类型中间商数目的多少把分销渠道分为(　　　　)。
   A. 长渠道　B. 短渠道　C. 宽渠道　D. 窄渠道
   E. 最短渠道

4. 选择分销渠道宽度的决策有以下几种(　　　)。

A. 独家分销　B. 密集分销　C. 选择性分销　D. 特殊分销

5. 批发商主要有(　　　)几个类型。

A. 商人批发商　B. 经销商　C. 制造商销售机构　D. 经纪人或代理商

E. 仓储商店

6. 非商店零售商的具体形式有(　　　)。

A. 直复式营销　B. 直接销售　C. 自动售货　D. 电视营销

E. 传销

7. 下列属于直接销售的是(　　　)。

A. 邮购　B. 举办家庭销售会　C. 逐个办公室推销　D. 自动售货

E. 上门推销

8. 下列商品宜选择短渠道流通的有(　　　)。

A. 鲜活商品　B. 粮食　C. 日用消费品　D. 汽车配件

E. 时装

9. 影响企业选择分销渠道的几大因素是(　　　)。

A. 产品　B. 市场　C. 公司自身　D. 中间商

E. 环境

10. 一般情况下，顾客多而分散，每位顾客需求量小或购买频率高的产品，宜采用(　　　)。

A. 宽渠道　B. 直接渠道　C. 长渠道　D. 短渠道

11. 标准化程度高、通用性强的产品适宜(　　　)。

A. 长渠道　B. 宽渠道　C. 短渠道　D. 窄渠道

12. 企业在经营(　　　)的产品情况下最好选择较短的分销渠道。

A. 鲜活易腐　B. 技术性复杂　C. 体积大、重量大　D. 时尚性强

三、判断题

1. 生产者市场多采用间接渠道，消费者市场多采用直接渠道。(　　)

2. 宽渠道是指制造商同时选择两个以上的同类中间商销售产品。(　　)

3. 企业的营销渠道越长越好。(　　)

4. 间接渠道是指产品从生产者流向最终消费者的过程中不经过任何中间商转手的分销渠道。(　　)

5. 批发商对所销售的商品拥有所有权。(　　)

6. 自己进货，并取得产品所有权后再出售的商业企业是经纪人或代理商。(　　)

7. 零售商与批发商的主要区别就在于最终服务对象的不同。(　　)

8. 与人们生活密切相关的产品，企业在选择销售渠道时，宜采用宽渠道。(　　)

9. 日用消费品、工业品中的标准件，一般可以采用较长的分销渠道，而高档消费品、工业品中的专用设备或成套机组则应采用较短的渠道结构。(　　)

10. 企业选择中间商或代理商时，应对其实力和信誉等进行综合评估。(　　)

四、简答题

1. 什么是分销渠道？简述分销渠道的功能。
2. 分销渠道的类型有哪些？
3. 简述零售商的种类。
4. 分析方便面、化妆品与钢材分销渠道选择所采取的策略。
5. 简述影响分销渠道选择的因素。

五、案例分析

可口可乐公司无孔不入

为了扩大市场占有率，吃下美国可乐市场的半壁江山，可口可乐公司前几年一直积极攻占教堂、学校、发廊、诊所、球场等特殊领域，声言只要有人想喝饮料的地方，可口可乐就无孔不入。公司董事长提出，在“审视市场时，可口可乐主管不会看哪里有我们的产品，而是看哪里没有我们的产品”。基于这样的视角，可口可乐公司计划到2001年时在美国饮料市场的占有率上升到50%。

为了达到上述目标，可口可乐公司领导费尽心机，绞尽脑汁。以公司总部所在地亚特兰大为例，可口可乐贩卖机充斥在各种大小商场、杂货店，但公司主管市场营运的领导仍指出，在一些商务住宅及办公大楼附近，其实还有许多设置贩卖机的空间，只要每天有150人进出的地方就可以放置一台贩卖机。为了扩大市场份额，可口可乐公司还与一些学校、医院及其他商店签约，它们保证不再贩卖其他品牌的可乐饮料，为此可口可乐公司将给予这些机构优厚的报酬。当然这些策略是必须花大钱才能见到效果的。在5年时间里，可口可乐公司就花了逾70亿美元用于行销及拓展市场方面。而且，在1997年又投下了数十亿美元的行销费用，推动并激励全体员工以创新的手法继续提高业绩。

除了在可乐饮料市场上雄霸一方以外，可口可乐公司还把目光投向了茶、咖啡等其他饮料市场。它认为，目前全美国共有200万家商店、45万家餐厅及140万个贩卖机和冷藏柜行销可乐产品，看起来市场已经相当饱和，但如果从各地的平均消费量来分析，消费形态还存在差异，美国人平均每年可口可乐的消费量还可以提高一成，即每人增加80盎司，关键是增加品牌曝光的机会。

为此，可口可乐公司改革了以往赞助各种大型社会活动时只作看客的做法。直接在公众场合摆上贩卖机，吸引游客在此停留。此举果然奏效，据《华尔街日报》报道，第一年下来。可口可乐在华纳影城的营业收入增长了约127%，1997年第一季度，在美国的市场销售量又增加了9%。

（资料来源：http：//zhidao. baidu. com/question/55050461. html。）

思考与分析：

1. 可口可乐的分销渠道结构是怎样的？该类型的渠道适合什么特征的产品使用？
2. 结合本案例说明，采用这种分销渠道对企业有哪些方面的要求？

第10章 促销策略

学习目标：□ 理解促销的含义
□ 掌握促销策略的组合技巧
□ 熟悉人员推销、广告宣传、公共关系、营业推广等促销策略的运作方式
□ 能理论联系实践，灵活运用各种促销策略

冠名好声音 加多宝凉茶“叫好又叫座”

要问2012年最火的电视综艺节目是什么，非《加多宝中国好声音》莫属。作为独家冠名商的加多宝，也因为其独到的眼光，在品牌重塑一役中完胜。

“加多宝，押对宝”。从坊间流传的顺口溜中不难看出，加多宝无疑成为这趟娱乐巨轮中最大的赢家。《加多宝中国好声音》通过节目场面的布置、产品的展示，再到节目色调、理念的契合，最大限度地完成了由经典红罐凉茶到加多宝凉茶的品牌转换，赢得掌声连连。

为了应对来临的夏季饮料旺季，加多宝率先于6月1日前完成了一、二线城市户外广告及海报的更换。到8月底之前，全国包括渠道最前端的农村市场都要完成这部分的工作。加多宝业务员一天要拜访约40个终端点，每个终端一周至少拜访一次作为循环。海报等物料更换信息可以一周之内统计到内部网络上供市场部使用。

加多宝的销售网络组织相对扁平化，这也得以让总部指令快速传递到业务员层级。稳定通达的渠道网络，确保资源能够真正达到终端，无缝销售在加多宝更名信息传递中发挥着巨大的威力，比如餐饮渠道的宣传物料有40多种，消费者只要进了餐馆，总能让你知道，全国销量领先的红罐凉茶改名“加多宝”。

在渠道良好运行的保障下，加多宝仍保持全国热销的良好势头，坐稳凉茶市场的头把交椅。一份来自第三方的数据显示，更名后的加多宝凉茶同比增长已超过50%，在广

东、浙江等凉茶重点销售区，同比增长甚至超过了70%。加多宝在让人们感受到凉茶17年的专注滋味的同时，其销售再创新高峰，续写着凉茶的神话。

（资料来源：长城网，http：//www. hebei. com. cn。）

[思考]

1. 加多宝为什么要冠名《中国好声音》节目？
2. 加多宝冠名之后取得了什么样的效果？

第一节　促销与促销组合

现代市场营销不仅要求企业开发适销对路的产品，制定合理的价格，设计合适的渠道使目标顾客易于得到他们所需要的产品，而且还要求企业树立其在市场上的形象，加强企业与社会公众的信息交流和沟通工作，即通过进行促销活动来扩大产品的销售。企业的促销活动与其他的市场营销活动如产品决策、价格策略的选定、分销策略等有所不同。上述一些市场营销活动主要是在企业内部进行或者在营销者与营销者之间进行。而在促销活动中，要向目标市场宣传或介绍其产品，说服和吸引顾客来购买其产品，所以参与促销活动的双方是营销者与购买者或潜在的购买者。

一、促销的含义

（一）促销的概念

促销是指企业以各种有效的方式向目标市场传递有关信息，以启发、推动或创造目标市场对本企业产品或劳务的需求，并引起购买欲望和产生购买行为的一系列综合性活动。

促销的本质是企业同目标市场之间的信息沟通。促销是企业市场营销活动的基本策略之一，它一般包括广告、人员推销、公共关系和营业推广等促销方式。

其中，广告、公共关系和营业推广三种方式不需要通过人员与目标顾客的直接接触进行信息传递，被称为“非人员促销方式”；人员推销强调推销人员与目标顾客进行面对面的信息交流，被称为“人员促销方式”。四种促销方式的优缺点如表10-1所示。

表10-1　四种促销方式优缺点比较表

类型	促销方式	优　点	缺　点
非人员促销	广告	传播面广、快、形象生动，表现手法丰富，容易引起关注	停留时间短、费用高、针对性不强，不易促成即时购买
	公共关系	影响面广、可信度高、效果持久，可提高企业的美誉度	程序复杂、投入大，效果难以控制
	营业推广	刺激性强，容易促使产生即时购买，现场效果好	接触面窄、影响小，容易给品牌造成负面影响
人员促销	人员推销	直接快速，反应及时，利于建立与顾客的长期关系	人才难得、费用高，管理难度较大

（二）促销的目的

1. 提供信息，增进了解。通过促销宣传，可以使顾客了解企业生产经营什么产品，有哪些特点，到什么地方购买，购买的条件是什么等，从而引起顾客注意，激发其购买欲望，为实现和扩大销售作好舆论准备。

2. 突出产品特点，提高竞争能力。在激烈的市场竞争中，企业通过促销活动，宣传本企业产品的特点，努力提高产品和企业的知名度，促使顾客加深对本企业产品的了解和喜爱，增强信任感，从而也就提高了企业和产品的竞争力。

3. 强化企业形象，巩固市场地位。通过促销活动，可以树立良好的企业形象和商品形象，尤其是通过对名、优、特产品的宣传，更能促使顾客对企业产品及企业本身产生好感，从而培养和提高"品牌忠诚度"，巩固和扩大市场占有率。

4. 刺激需求，引导消费。新产品上市之初，顾客对它的性能、用途、作用、特点并不了解，通过促销沟通，引起顾客兴趣，诱导需求，并创造新的需求，从而为新产品打开市场，建立声誉。

图 10－1　促销组合

二、促销组合的概念

促销组合是企业在指定时期内对广告、人员推销、公共关系、营业推广四种基本促销方式的综合运用，以激励和诱导目标市场产生购买行为的策略，如图 10－1 所示。

促销组合体现了现代市场营销理论的核心思想——整体营销。促销组合是一种系统化的整体策略，四种基本促销方式则构成了这一整体策略的四个子系统。每个子系统都包括了一些可变因素，即具体的促销手段或工具，某一因素的改变意味着组合关系的变化，也就意味着一个新的促销策略。

案例分析

曾在中国感冒药市场创造了奇迹的"白加黑"，由于经营不善，于 2000 年底被东盛科技收购。在"白加黑"重新上市之初，东盛通过一系列品牌重塑活动，使消费者重拾对"白加黑"的热情。东盛投入大笔资金与上海奥美广告公司合作，对"白加黑"进行公益包装，平面广告到电视广告片进行了改变。除广告外，"白加黑"还通过赞助公益活动等公关方式。传播品牌理念。这些品牌强化措施，保证了"白加黑"的"指定购买率"。此外，东盛将自己的营销对象定为直接面对消费者的药店经理和店员，启动了对药店经理进行培训的"春晖计划"以及旨在加强与业务人员联系的"东盛店员俱乐部"。这些活动的作用立竿见影，2002 年，"白加黑"的铺货率已经上升到 96% 左右，在地级市场也达到了 70% 以下，同年中报显示，"白加黑"的毛利率高达 80%，位居全国同行的前列。

“白加黑”在品牌重塑活动中，采用了哪些促销方式及手段？这些方式的作用是什么？

（资料来源：百度文库，http：//wenku. baidu. com/view。）

分析： 广告促销，东盛投入大笔资金与上海奥美广告公司合作，对“白加黑”进行公益包装，平面广告到电视广告片进行了改变。进行广告促销可以让人们更好的对产品有所了解，有利于加深消费者的印象，并且能够激发消费者的购买兴趣，劝导消费者购买。赞助促销，“白加黑”还通过赞助公益活动等公关方式，传播品牌理念，使消费者加深对“白加黑”这一品牌的认识。

三、促销组合策略

为了使促销能够起到提供信息、沟通关系、激发需求、扩大销售、突出特点、树立形象、形成定势、稳定销售的作用，企业需要使促销策略与营销组合的其他因素协调配合，形成一个整体营销的战略。因此，企业营销经理的任务，并不在于从事具体的促销活动，更重要的是在于确定促销目的、制定促销策略，并且使促销策略同产品策略、价格策略和渠道策略互相配合，形成整体营销战略，如图 10－2 所示。

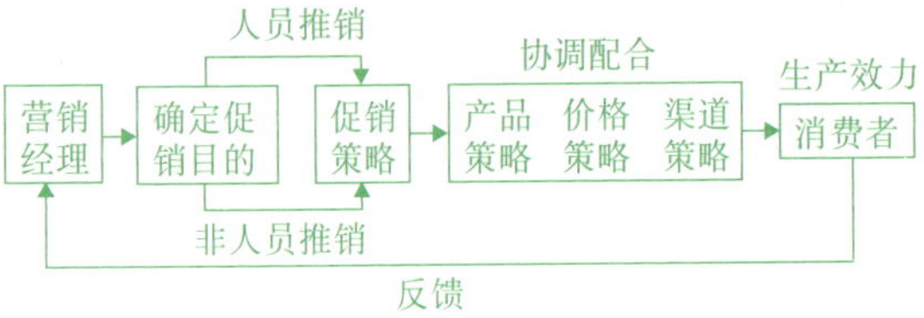

图 10－2　促销策略与其他营销策略的配合

根据企业市场运营的经验，我们一般将企业促销的基本策略分为“推”的策略和“拉”的策略两种，如图 10－3 所示。

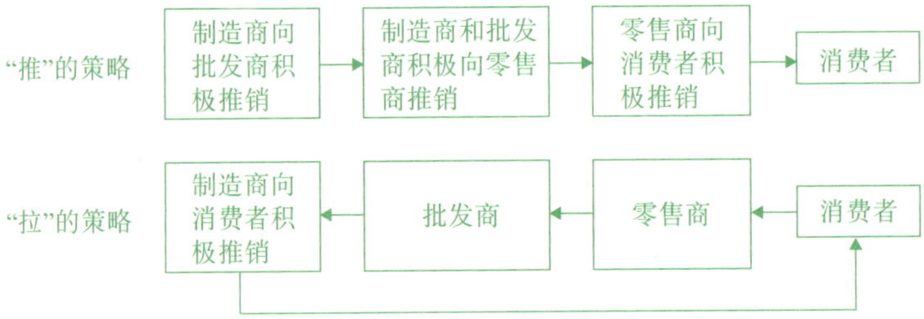

图 10－3　“推”式、“拉”式促销策略示意图

（一）推式策略

推式策略就是企业把产品推销给批发商，批发商再把产品推销给零售商，最后零售商把产品推销给消费者。这种方式中，促销信息流向和产品流向是同方向的。因而人员推销和营业推广可以认为是“推”的方式。采用“推”的方式的企业，要针对不同的产品、不同的对象，采用不同的方法。

内蒙古伊利集团在开发东北市场时，公司就派了许多业务员到东北市场，挨家挨户向经销商介绍他们的产品，调动经销商的积极性。当经销商的积极性调动起来后，他们的产品就铺入了市场，也就占领了市场。

（二）拉式策略

拉式策略就是企业不直接对批发商和零售商进行推销，而是直接向广大顾客做广告。把顾客的消费欲望刺激到足够的强度，顾客就会主动找零售商购买这些产品。购买这些产品的顾客多了，零售商就会去找批发商。批发商觉得有利可图，就会去找生产企业订货。采用“拉”的方式，促销信息流向和产品流向是反向的。其优点就是能够直接得到顾客的支持，不需要去讨好中间商，在与中间商的关系中占有主动。但采用“拉”的方式需要注意，中间商（主要是零售商）是否有足够的库存能力和良好的信誉及经营能力。常用的策略有：

1. 通过广告宣传促进销售。
2. 组织产品展销会、订货会促进销售。
3. 通过代销、试销方式促进销售。
4. 通过创名牌、树信誉、实行三包，增强消费者对产品和企业的信任，以促进产品的销售。

小案例

伊利集团在开发武汉市场时，首先对武汉的目标消费者进行促销。一方面在报纸上开展公关广告宣传活动。以“昭君回故里，伊利送真情”（王昭君出生在南郡秭归，今湖北兴山县）为名开展一个公关活动，“古有昭君千里出塞，今有伊利集团千里大赠送”，新闻媒体进行了铺天盖地的宣传，使大家都知道了伊利集团。另一方面，免费向中小学生赠送冰淇淋，覆盖面达到每10个武汉人中就有一个人食用过伊利产品。通过广告宣传和免费赠送，让消费者了解了伊利，消费者开始去零售网点购买伊利产品。经销商在报纸上看到了伊利的广告宣传，又看到了消费者在选择和购买伊利产品，就意识到自己正面临绝佳的销售契机，对伊利集团产品的促销积极性也大大提高。

（资料来源：范云峰：《伊利集团开发武汉市场》，www. chinavalue. net。）

推式策略和拉式策略都包含了企业与消费者双方的互动作用。但前者的重心在推动，着重强调企业的能动性，表明消费需求是可以通过企业的积极促销而被激发和创造的；而后者的重心在拉引，着重强调消费者的能动性，表明消费需求是决定生产的基本原因。企业的促销活动，必须顺乎消费需求，符合购买指向，才能取得事半功倍的效果。许多企业在促销实践中，都结合上述两种策略，在营销中具体实行哪一种，应根据具体情况而定，从营销实践看，一般二者兼用，各有侧重。

四、影响促销组合的因素

1. 促销目标。企业在不同时期、不同的市场环境下都有其特定的促销目标，致使促销组合也就有差异。在一定时期内，有的企业的营销目标是在某一市场迅速增加销售量，扩大企业的市场份额；而另一些企业的总体营销目标是在该市场上树立企业形象，为其产品今后占领市场赢得有利的位置。显然，前者的促销目标强调的是近期效益，属短期目标，由此促销组合的选择、配制将更多地使用广告和营业推广；而后者属长期目标，需制订一个较长远的促销方案方能实现。因此，宣传报道、建立广泛的与之适应的公共关系则显得非常重要。

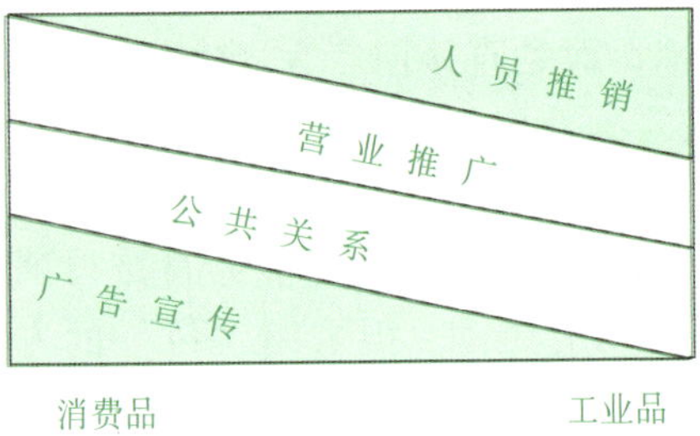

图 10－4　消费品和工业品的促销手段及其比重

2. 产品因素。一般来说，消费品更多地使用广告宣传作为主要促销手段；而生产资料则更多地采用人员推销。至于营业推广和公共关系，无论对消费者还是生产资料市场都处于较次要的地位，如图 10－4 所示。

3. 产品的市场生命周期。由于产品市场生命的不同，促销目标也有差异，故而在促销组合的选择和编配上也要有相应的变化，如表 10－2 所示。

表 10－2　　产品市场生命周期各阶段的促销组合及策略

产品市场生命周期	促销目标重点	促销主要方式
导入期	认识了解产品	各种介绍性广告、人员促销
成长期	提高产品知名度增进兴趣与偏爱	改变广告形式
成熟期	增加产品美誉度	同上（如形象广告）
衰退期	促成信任购买	营业推广为主，辅以提醒性广告、减价等
市场生命周期各阶段	消除顾客的不满意感	改变广告内容利用公共关系

4. 促销预算费用。企业在选择促销组合时，首先应考虑两个主要问题：一是促销预算费用多少；二是预算费用在众多促销手段中如何分配。也就是说，综合分析比较各种促销媒体的费用与效益，以尽可能低的促销费用取得尽可能高的促销效益。促销媒体不同，费用差异很大。在预算费用小的情况下，企业往往很难制订出满意的促销组合策略。然而，最佳促销组合并不一定费用最高。企业应全面衡量、综合比较，使促销费用发挥出最大效用。

5. 市场特点。根据目标市场的性质、规模和类型不同，应采用不同的促销组合。对于规模小而相对集中的市场，应突出人员推销策略；范围广而分散的市场，则应多采用广告；对文化水平高，经济状况宽裕的消费者，应多采用广告和公共关系。反之，则应多用营业推广和人员推销。消费品市场主要用广告宣传，而工业品市场应以人员推销为主。

6. 促销对象。通过企业目标市场的研究与市场调研，界定其产品的销售对象是现实购买者还是潜在购买者，是消费者个人、家庭还是社会团体。明确了产品的销售对象，也就确认了促销的目标对象。

另外，市场供求的变化，也会影响到促销组合。

第二节 人员推销

一、人员推销的特点

（一）人员推销的概念

人员推销是指通过推销人员深入中间商或消费者进行直接的宣传介绍活动，使中间商或消费者采取购买行为的促销方式。它是人类最古老的促销方式。今天，人员推销这种古老的形式又焕发了青春，成为现代社会最重要的一种促销形式。

小案例

国际商用机器公司（IBM）是一家拥有520亿美元资产的大型企业，其年销售额达到500多亿美元，利润为70多亿美元。它是世界上经营最好、管理最成功的公司之一。

IBM公司追求卓越，特别是在人才培训、造就销售人才方面取得了成功的经验。具体地说，IBM公司决不让一名未经培训或者未经全面培训的人员到销售第一线去。销售人员们说些什么、做些什么以及怎样说和怎样做，都对公司的形象和信用影响极大。因此公司用于培训的资金充足，计划严密，结构合理。培训结束，学员就可以有足够的技能，满怀信心地同用户打交道。

IBM公司市场营销培训的一个基本组成部分是模拟销售角色。在公司第一年的全部培训课程中，没有一天不涉及这个问题，并始终强调要保证学习或介绍的客观性，包括为什么要到某处推销和希望达到的目的。

IBM公司为销售培训所发展的具有代表性、最复杂的技巧之一就是阿姆斯特朗案例练习，它集中考虑一种假设的、由饭店网络、海洋运输、零售批发、制造业和体育用品等部门组成的、具有复杂的国际间业务联系。通过这种练习可以对工程师、财务经理、市场营销人员、主要的经营管理人员、总部执行人员等的形象进行详尽的分析，由教员扮演阿姆斯特朗案例人员，从而创造出了一个非常逼真的环境。在这个组织中学员们需要对各种人员完成一系列错综复杂的拜访。

（资料来源：新浪财经版“IBM公司市场营销培训”。）

（二）人员推销的特点

人员推销与其他促销手段相比具有不可代替的作用。人员推销有以下特点：

1. 针对性强、灵活多变。与顾客的直接沟通是人员推销的主要特征。由于是双方直接接触，在态度、气氛、情感等方面都能捕捉和把握，有利于销售人员有针对性地做好沟通工作，解除各种疑虑，引导购买欲望。并且立即获知顾客的反应，并据此适时地调整推销策略和方法，促成购买。

2. 选择性强，成功率高。在每次推销之前，可以选择具有较大购买可能的顾客进行推销，并事先对未来顾客作一番研究，拟定具体的推销方案、推销策略及方法，以提高成功率。人员推销的又一特点是提供产品实证，销售人员通过展示产品，解答质疑，指导产品使用方法，使目标顾客能当面接触产品，从而确信产品的性能和特点，易于消费者引发购买行为。

3. 具有公共关系的作用，能够建立相互的信任。销售人员与顾客直接打交道，交往中会逐渐产生信任和理解，加深双方感情，建立起良好的关系，容易培育出忠诚顾客，稳定企业销售业务。

4. 反馈及时，过程完整。推销人员在推销产品或劳务的同时，可及时听取和观察买方对产品和劳务的态度，搜集市场情况，了解市场动态，并迅速予以反馈，使企业经营更适合消费者的需要。同时，推销人员的工作除了从寻找顾客、接触、洽谈、达成交易之外，推销员还可以担负其他营销任务，如安装、维修、了解顾客使用后的反应等，而广告则不具有这种完整性。

但是，人员推销也有不足之处，人员推销的成本费用比较高，在市场范围广阔，而买主又较为分散的状态下，显然不宜采用此法。

二、人员推销的目标和任务

1. 挖掘和培养新顾客。销售人员首要的任务是不间断地寻找企业的新顾客，包括潜在的和吸引竞争者的顾客，积聚更多的顾客资源，这是企业市场开拓的基础。

2. 市场调研。利用直接接触市场和消费者的便利，进行市场调研和情报搜集工作，并且将访问情况写出报告，为企业开拓市场和制定营销决策提供依据。

3. 提供服务。销售人员应该为顾客提供咨询、技术指导、迅速安全交货、售后回访、售后系列服务等任务，以服务来赢得顾客的信任。

4. 沟通信息。销售人员应该熟练地传递企业各种信息，说服、劝导顾客购买本企业产品。在信息传递的过程中，关注顾客对企业产品的信息反馈，主动听取顾客对产品、企业的意见和建议。

5. 产品销售。通过消费者的直接接触，运用推销的艺术，分析解答顾客的疑虑，销售人员努力的最终成果，应该是源源不断地给企业带来订货单，把企业产品销售出去，实现企业的销售目标。

相关链接

人员推销的角色

1. 企业形象代表。销售人员是企业派往目标市场的形象代表，他们主动热情的工作，积极的态度乃至一言一行都代表了企业形象，是企业文化和经营理念的传播者。

2. 热心服务者。销售人员是目标顾客的服务人员，帮助顾客排忧解难，解答咨询，提供产品使用指导，以其服务质量和热情赢得顾客的信任和偏爱。

3. 信息情报员。销售人员是企业信息情报重要反馈渠道，他们不仅搜集目标顾客的需求信息，而且还能搜集竞争者信息、宏观经济方面信息和科技发展状况信息，使营销决策者能迅速把握外部环境的动态，及时作出反应。

4. “客户经理”。当销售人员面对一群顾客作营销沟通工作时，他们所担任的就是“客户经理”角色。在企业营销战略和政策指导下，行使一定的决策权。如交易条款的磋商，交货时间的确认等。

三、人员推销的基本形式和类型

（一）人员推销的基本形式

1. 上门推销。上门推销是最常见的人员推销形式。它是由推销人员携带产品样品、说明书和订单等走访顾客，推销产品。这种推销形式可以针对顾客的需要提供有效的服务，方便顾客，故为顾客广泛认可和接受。

2. 柜台推销。又称门市，是指企业在适当地点设置固定门市，由营业员接待进入门市的顾客，推销产品。门市的营业员是广义的推销员。柜台推销与上门推销正好相反，它是等客上门式的推销方式。由于门市里的产品种类齐全，能满足顾客多方面的购买要求，为顾客提供较多的购买方便，并且可以保证产品完好无损，故顾客比较乐于接受这种方式。

3. 会议推销。会议推销是指利用各种会议向与会人员宣传和介绍产品，开展推销活动。比如，在订货会、交易会、展览会、物资交流会等会议上推销产品。这种推销形式接触面广、推销集中，可以同时向多个推销对象推销产品，成交额较大，推销效果较好。

（二）人员推销的类型

人员推销的种类繁多，形式各异，将其归类后，有四种类型：

1. 生产厂家的人员推销。即生产厂家雇佣推销员向中间商或其他厂家推销产品。日用消费品生产厂家的推销员往往将中间商作为他们的推销对象；而工业品生产厂家的推销员则以把他们的产品作为生产资料的其他生产厂家作为推销对象。

2. 批发商。他们往往也雇佣成百上千名推销员在指定区域向零售商推销产品。零售商也常常依靠这些推销员来对商店的货物需求、货源、进货量和库存量等进行评估。

3. 零售店人员推销。这类推销往往是顾客上门，而不是推销员拜访顾客。

4. 直接针对消费者的人员推销。这类推销在零售推销中所占比重不大，是推销力量中的一个重要部分，有其特殊优点和作用。

四、人员推销的步骤

不同的推销方式可能会有不同的推销工作步骤，通常情况下，人员推销一般包括以下七个工作步骤：

（一）寻找顾客

是推销工作的第一步，寻找潜在顾客有很多途径，可以通过现有顾客的介绍，以及其他销售人员介绍、查找工商名录、电话号码簿等寻找潜在顾客。

（二）事前准备

在走出去推销之前，推销人员必须知己知彼，掌握三方面的知识：

1. 产品知识。关于本企业、本企业产品的特点、用途、功能等方面的情况。

2. 顾客知识。包括潜在顾客的个人情况，所在企业的情况，具体用户的生产、技术、资金情况，用户的需要，购买决策者的性格特点等。

3. 竞争者知识。竞争者的能力、地位和它们的产品特点。同时，还要准备好样品、说明材料，选定接近顾客的方式、访问时间、应变语言等。

（三）销售接近

即开始登门访问，与潜在客户开始面对面交谈。这一阶段推销员要注意：

1. 给顾客一个好印象，并引起顾客的注意。因而，穿着、举止、言谈、自信而友好的态度都是必不可少的。

2. 验证在准备阶段所准备的全部情况。

3. 为后面的谈话作好准备。在接近时，注意使自己有一个良好的心态：友好，自信。友好：自己与对方是进行利益交换，是互惠互利的交换。自信：你不是低人一等求别人，你的企业产品是能经得起考验的。

（四）产品介绍

这是推销过程中的重要一步。任何产品都可以也必须用某种方法进行介绍。即使那些无形产品（如保险、金融、投资业务），也可以采用图形、坐标图、小册子等形式加以说明。

（五）克服障碍，处理异议

推销人员应随时准备处理不同意见。顾客在听取介绍的过程中，总会提出一些异议，如怀疑产品的价值，不喜欢交易的条件。这就需要推销员应当具有与持不同意见的买方洽谈的语言能力和技巧，能解释、协商，随时有应对否定意见的措施和论据，但不要争辩。

（六）达成交易

即推销人员要求对方采取行动，订货购买阶段。

有经验的推销人员认为，接近和成交是推销过程中两个最困难的步骤。在洽谈、协商过程中，推销人员要随时给予对方能够成交的机会。

相关链接

美国管理学家布莱克和蒙顿教授提出的推销方格理论，强调推销员要与顾客建立良好的感情关系。该理论认为，推销员有两个目标：一是达成交易；二是与顾客建立关系。前一个目标是关心销售，后一个目标是关心顾客。不同的推销员对顾客和销售的关心程度不同，从而可把推销员分成五种类型：一是事不关己型，推销员既不关心销售，也不关心顾客；二是顾客导向型，推销员只关心顾客而不关心销售；三是强销导向型，推销员只关心销售而不关心顾客；四是推销技术导向型，推销员对顾客和销售保持适度关心；五是解决问题导向型，推销员对顾客和销售保持高度关心。实践证明，既关心销售又关心顾客的推销员，其销售效果最好。在推销效果上，解决问题导向型比推销技术导向型高3倍，比强销导向型高7.5倍，比顾客导向型高9倍，比事不关己型高75倍。

（七）售后追踪

达成交易不是推销的结束，而是下一轮推销的起点。售后追踪访问调查的直接目的是了解顾客是否满意已购买的产品，发现可能产生的各种问题，表示推销人员的诚意和关心。另外一个重要的目的，是促使顾客传播企业及产品的好名声，听取顾客的改进建议。

五、人员推销策略与技巧

（一）人员推销策略

推销人员在推销工作中经常采取的策略主要有以下几种：

1. 试探性策略，又称："刺激—反应"策略。推销人员在尚未了解到顾客具体要求的情况下，事先准备好几套话题，进行"渗透性"交谈。通过试探"刺激"，看顾客的反应，然后进行说服、宣传，以激发顾客的购买行为。

2. 针对性策略，又称"配方—成交"策略。推销人员事先已大致掌握了顾客的基本或可能需求，从而有针对性地与之交谈，投其所好，引起对方的兴趣和购买欲望，促成交易。

3. 诱导性策略，又称"诱发—满足"策略。通过交谈，看对方对什么感兴趣，然后诱导他对所感兴趣的商品或劳务产生购买动机；接着，因势利导，不失时机地介绍本企业经销的商品如何能满足这些需要，使其产生购买行为。

（二）人员推销技巧

1. 上门推销技巧。

（1）找好上门对象。可以通过商业性资料手册或公共广告媒体寻找重要线索，也可以到商场、门市部等商业网点寻找客户名称、地址、电话、产品和商标。

（2）做好上门推销前的准备工作，尤其要对行业发展状况和产品、服务的内容材料要十分熟悉、充分了解并牢记，以便推销时有问必答；同时对客户的基本情况和要求应有一定的了解。

（3）掌握"开门"的方法，即要选好上门时间，以免吃"闭门羹"。可以采用电话、传真、电子邮件等手段事先交谈或传送文字资料给对方并预约面谈的时间、地点。也可以采用请熟人引见、名片开道、与对方有关人员交朋友等策略，赢得客户的欢迎。

（4）把握适当的成交时机。应善于体察顾客的情绪，在给客户留下好感和信任时，抓住时机发起"进攻"，争取签约成交。

2. 洽谈艺术。首先注意自己的仪表和服饰打扮，给客户一个良好的印象。同时，言行举止要文明、懂礼貌、有修养，做到稳重而不呆板、活泼而不轻浮、谦逊而不自卑、直率而不鲁莽、敏捷而不冒失。

3. 排除推销障碍的技巧。

（1）排除客户异议障碍。若发现客户欲言又止，自己应主动少说话，直截了当地请对方充分发表意见，以自由问答的方式真诚地与客户交换意见。对于一时难以纠正的偏见，可将话题转移。对恶意的反对意见，可以"装聋扮哑"。

（2）排除价格障碍。当客户认为价格偏高时，应充分介绍和展示产品、服务的特色和价值，使客户感到"一分钱一分货"；对低价的看法，应介绍定价低的原因，让客户感到物美价廉。

（3）排除习惯势力障碍。实事求是地介绍客户不熟悉的产品或服务，并将其与他们已熟悉的产品或服务相比较，让客户乐于接受新的消费观念。

案例分析

20世纪60年代，美国一家公司生产出了无声打字机，这种打字机在打字的时候不会发出任何声音。在那时，电脑还没有大量地普及和运用，各大公司都是用打字机来打文件，打字机在打字的过程中会发出"嗡嗡"的声响。该公司的推销员带着无声打字机去拜访客户，他们给客户进行了产品演示，产品的优异性能吸引住了顾客，顾客都纷纷称赞这是一个好产品。但是到了最后，却没有一个顾客要买。他们都表示，我们现有的打字机还能用，等我们的打字机坏了，再买你们的无声打字机。

（资料来源：范云峰：《市场营销》，中国经济出版社2006年版，第259页。）

分析：无论推销人员向顾客介绍自己的打字机多么好，性能多么的优秀，顾客会立即购买吗？可能不会。原因非常简单，他的办公室里已经有了打字机。那么应该向顾客推销什么？应该推销无声这个特点带给顾客的好处，公司的高层主管是和秘书在一块儿办公的，秘书在打字的时候发出的声响势必影响到高层领导思考问题，当销售人员把这个道理向他讲清楚的时候，无声打字机的市场也就被打开了。

第三节　广告宣传

一、广告的基本概念及作用

（一）广告的定义

广告从字面上理解就是“广而告之”，它是组织为了某种特定的需要，通过一定形式的媒体，并消耗一定的费用，公开而广泛地向公众传递信息的宣传手段。

美国广告主协会对广告下的定义是：广告是付费的大众传播，其最终目的是传递信息，改变人们对广告商品或事项的态度，诱发其行动而使广告主获得利益。

广告的本质是传播，广告的灵魂是创意。

（二）广告的作用

1. 从市场看，广告是传播市场商品信息的主要工具。当今世界具有传播商品信息功能的行业或渠道很多，最主要的就是广告信息渠道。

2. 从企业层看，广告是企业竞争的有力武器。广告巨人奥格威曾说过：“企业不做广告，无异于在黑暗之中向情人抛媚眼”。

第一，利用庞大的广告预算开支，多投入多产出。“没有广告就没有市场，没有广告就没有名牌”已成为企业家的共识。

第二，利用广告策划制作，吸引受众，以尽可能少的投入获尽可能大的产出。

第三，利用广告策略，树立企业文化。当今的广告大战，从本质上可以说是不同的企业文化之间的较量和竞争。

3. 从消费层看，广告可以引导消费，刺激消费，甚至创造需求。有人说：“出售化妆品，实质上出售的是美的希望；出售柑桔，实质上出售的是生命力；出售汽车，实质上出售的是声望；出售衣服，实质上出售的是个性。”这样的说法很清楚地透露出广告对消费的引导和刺激作用。

4. 广告还起着美化环境，教育人们的作用。广告也是一种艺术，好的广告能给人以美的享受，能美化市容，美化环境。同时，广告内容设计得当，有利于树立消费者的道德观、人生观及优良的社会风尚。

相关链接

广告的传播要素

• **基本要素：**又称为显性要素。它通过信源、信息、媒体、通道、对象和反馈，扩大广告文化的氛围，强化广告的全面功能。

• **隐性要素：**它通过情感因素、心理因素、时空环境、文化背景、权威意识进一步拓宽广告文化的功能。构成广告文化显性要素的信源，是指信息的发布来源，即广告客户，要发布广告信息的社会组织或个人，在现代经济社会中主要是公司和企业。

二、广告宣传的特点

广告不同于一般大众传播和宣传活动，主要表现在：

1. 广告是一种传播工具，是将某一项商品的信息，由这项商品的生产或经营机构（广告主）传送给用户和消费者。

2. 做广告需要付费。

3. 广告进行的传播活动是带有说服性的。

4. 广告是有目的、有计划，是连续的。

5. 广告不仅对广告主有利，而且对目标对象也有好处，它可使用户和消费者得到有用的信息。

三、广告的类型

（一）按广告的目标可分为通知型、说服型、提醒型广告

1. 通知型广告是通过对产品的性能特点和用途的宣传以提高消费者对该产品的认知和理解的开拓性广告。主要用于新产品的入市阶段，目的在于树立品牌，推出新产品。如××洗发水打入市场的广告，“还有半个月，一种全新型洗发水将与消费者见面”，然后依次递减天数，“还有10天……”，“还有一周……”“还有一天……”然后在预定的那天再打出全面介绍该种品牌洗发水的广告。

2. 说服型广告是通过强调本企业产品的优势以及和竞争对手的明显差异以确保消费者对自己产品有足够的关注和购买欲望，从而说服消费者购买。这种类型的广告一般在产品的成长期和成熟期使用。例如，“达克宁”药膏通过“不但治标，还能治本”来暗示其同类产品只能治标，不能治本，从而劝说消费者进行选择。

3. 提醒型广告提醒消费者或用户不要忘记已有的使用习惯和购买习惯的商品备忘性广告。其目的是保持目标市场对广告所宣传产品的良好印象，刺激重复购买。如娃哈哈饮料的广告词“娃哈哈AD钙奶，你今天喝了没有”，就是对孩子和家长很好的提醒。提醒型广告在产品进入旺销后十分重要。

（二）按广告的诉求方式分为理性诉求和感性诉求两类

1. 理性诉求广告是采用理性说服方法的广告形式，通过诉求消费者的理智来传达广告内容，从而达到促进销售的目的，也称说明性广告。这种广告说理性强，常常利用可靠的论

证数据揭示商品的特点，以获得消费者理性的承认。它既能给消费者传授一定的商品知识，提高其判断商品的能力，又会激起消费者对产品的兴趣，从而提高广告活动的经济效益。恰当地使用理性诉求策略，可以起到良好的劝服效果。如乐百氏纯净水的广告“27层，层层过滤”，以理服人告诉消费者这是高品质的纯净水。

2. 感性诉求广告是通过诉求消费者的感情或情绪来达到宣传商品和促进销售的目的，也可以叫作兴趣广告或诱导性广告。感性诉求的广告不作功能、价格等理性化指标的介绍，而是把商品的特点、能给消费者提供的利益点，用富有情感的语言、画面、音乐等手段表现出来。例如，在央视播出的某广告中，一位老人向另一位年纪相仿的人炫耀：“这是我女儿送给我的，让你儿子也送啊？”明显的属于感性诉求，利用人的情感来实现广告的诉求，达到传播的目的。

案例分析

雕牌系列产品的广告策略就经历了一个从理性诉求向感性诉求的转变。广告初期，雕牌洗衣粉以质优价廉来吸引顾客，打出“只买对的，不买贵的”口号，暗示其实惠的价格，以求在竞争激烈的洗涤用品市场突围，结果这则广告效果一般。而其后一系列的关爱亲情，关注社会问题的广告，深深地打动了消费者的心，取得良好效果，使消费者在感动之余而对雕牌青睐有加，其相关产品连续四年全国销量第一。

“妈妈，我能帮您干活了”，这是雕牌最初关注社会问题的广告。它通过关注下岗职工这一社会弱势群体，摆脱了日化用品强调功能效果等差异的品牌区分套路，对消费者产生深刻的感情震撼，建立起贴近人性的品牌形象。其后跟进的“我有新妈妈了，可我一点都不喜欢她”延续了这一思路，关注离异家庭，揭示了“真情付出，心灵交汇”的生活哲理，对人心灵的震撼无疑是非常强烈的。

（资料来源：http：//baike. baidu. com/view/2183421. htm。）

分析：透过雕牌产品的广告策略，我们可以看出广告要深入人心，诉诸于人的情感是一种有效的方式。

四、广告的媒体及其选择

1. 印刷品广告。印刷品广告包括报纸广告、杂志广告、电话簿广告、画册广告、火车时刻表广告等。

（1）报纸广告。报纸广告的优势是：覆盖面宽，读者稳定，传递灵活迅速，新闻性、可读性、知识性、指导性和纪录性“五性”显著，白纸黑字便于保存，可以多次传播信息，制作成本低廉等。

（2）杂志广告。杂志广告是指利用杂志的封面、封底、内页、插页为媒体刊登的广告。杂志广告的优势是：阅读有效时间长，便于长期保存，内容专业性较强，有独特的、固定的读者群，如妇女杂志，体育杂志等。

2. 电子媒体广告。亦称电波广告或电气广告。包括电视广告、电影广告、电台广播广告、电子显示大屏幕广告，以及幻灯机广告、扩音机广告等。

（1）电视广告。电视广告是指利用电视为媒体传播放映的广告。电视广告可以说是所有广告媒体中的“大哥大”，它起源较晚，但发展迅速。电视的优势很明显，它收视率高，将广告插于精彩节目的中间，观众为了收看电视节目愿意接受广告，虽然带有强制性，但观众一般可以接受。电视广告形声兼备，视觉刺激强，给人强烈的感观刺激。而且看电视是我国家庭夜生活的一项主要内容，寓教于乐，寓广告于娱乐，收视效果佳，其广告效果是其他广告媒体无法相比的。但它的局限性也很明显，主要是电视广告制作成本高，电视播放收费高，而且瞬间消失。企业通过电视作广告的费用很高，小型企业无力问津。

（2）广播广告。广播广告是指利用无线电或有线广播为媒体播送传导的广告。由于广播广告传收同步，听众容易收听到最快最新的商品信息，而且它每天重播频率高，收播对象层次广泛，速度快，空间大，广告制作费也低。

3. 户外广告。它主要包括：路牌广告，霓虹灯广告和灯箱广告，交通车厢广告，招贴广告（或称海报），旗帜广告，汽球广告等。

4. 邮寄广告。邮寄广告是广告主采用邮寄售货的方式，供应给消费者或用户广告中所推销的商品。它包括商品目录、商品说明书、宣传小册子、明信片、挂历广告、以及样本、通知函、征订单、订货卡、定期或不定期的业务通讯等。邮寄广告是广告媒体中最灵活的一种，也是最不稳定的一种。

5. POP 广告。英文 Point of Purchasing Advertising 的大写字母缩写，译为售点广告，即售货点和购物场所的广告。世界各国广告业都把 POP 视为一切购物场所（商场、百货公司、超级市场、零售店、专卖店、专业商店等）场内场外所做广告的总称。

6. 网络广告。网络广告就是在网络上做的广告。是利用网站上的广告横幅、文本链接、多媒体的方法，在互联网上刊登或发布广告，通过网络传递到互联网用户的一种高科技广告运作方式。

与传统的四大传播媒体（报纸、杂志、电视、广播）广告及近来备受垂青的户外广告相比，网络广告具有得天独厚的优势，是实施现代营销媒体战略的重要一部分。

7. 其他广告。其他广告指除以上五种广告以外的媒体广告，如馈赠广告、赞助广告、体育广告，以及包装纸广告、购物袋广告、火柴盒广告、手提包广告等。

五、广告策略

（一）广告创意策略

广告创意是使广告达到广告目的的创造性的想法意念，在商业广告中能使广告达到促销目的独特主意。它是决定广告设计水准高低的关键环节。

广告策划中的“创意”要根据市场营销组合策略、产品情况、目标消费者、市场情况来确立。针对市场难题、竞争对手，根据整体广告策略，找寻一个“说服”目标消费者的“理由”，并把这个“理由”用视觉化的语言，通过视、听表现来影响消费者的情感与行为，达到信息传播的目的，消费者从广告中认知产品给他们带来的利益，从而促成购买行为。这个“理由”即为广告创意，它是以企业市场营销策略、广告策略、市场竞争、产品定位、目标消费者的利益为依据，不是艺术家凭空臆造的表现形式所能达到的“创意”。

课堂讨论：

评价下列广告词：

- 雀巢咖啡：味道好极了
- 麦氏咖啡：滴滴香浓，意犹未尽
- 大众甲壳虫汽车：想想还是小的好
- 耐克：just do it
- 戴比尔斯钻石：钻石恒久远，一颗永流传

（二）广告定位策略

广告定位策略是指在众多的产品机会中，寻找具有竞争力和差别化的产品特点，配合适宜的广告宣传手段，使产品在目标消费者心中占据理想的位置。广告定位策略的构成概括起来有以下几种：

1. 市场定位策略。即把产品宣传的对象定在最有利的目标市场上。通过整合市场，寻找到市场的空隙，找出符合产品特性的基本顾客类型，确定目标受众。可根据消费者的地域特点、文化背景、经济状况、心理特点等不同特点，进行市场的细致划分。策划和创作相应的广告，才能有效地影响目标公众。

例如，宝洁号称“没有打不响的品牌”，这源自于宝洁成功的市场细分理念。以洗发水为例，宝洁有飘柔、潘婷、海飞丝三大品牌，每种品牌各具特色，占领各自的市场。海飞丝个性在于去头屑，“头屑去无踪，秀发更出众”；飘柔突出“飘逸柔顺”；潘婷则强调“营养头发，更健康更亮泽”。三种品牌市场个性鲜明，消费群体需求划分明确，可根据自己的需要对号入座。这种细分，避开了自己同类商品的竞争，强有力地占领了市场。

2. 产品定位策略。即最大限度地挖掘产品自身特点，把最能代表该产品的特性、性格、品质、内涵等个性作为宣传的形象定位。可以从以下方面入手，如产品的特色定位、文化定位、质量定位、价格定位、服务定位等方面。通过突出自身优势，树立品牌独特鲜明的形象，来赢得市场和企业发展。

在奶制品竞争激烈的环境下，各种品牌可谓八仙过海各显其能。伊利公司的牛奶广告充分体现了伊利奶的定位策略是“健康的牛，运动出好奶”。此定位的优势是抓住了产品原材料的特点，从奶的源头上做文章。充分挖掘消费者追求健康、新鲜、优质奶的心态，从而抢先占领了奶制品市场，赢得了良好的市场效益。

3. 观念定位策略。指在广告策划过程中，通过分析公众的心理，赋予产品一种全新的观念。这种观念要既符合产品特性，同时又迎合消费者的心理，这样才能突出自身优势，从一种更高层次上打败对手。这里融入更多的是一种思想、道德、情感和观念等。

脑白金的传统观念定位，使该产品在保健品市场上独占鳌头。广告语“今年孝敬咱爸妈，送礼还送脑白金”，“今年过节不收礼，收礼还收脑白金”。中国是一个节日和庆典比较多的国家，自古以来，民间就有互相送礼表示祝贺的风俗习惯。将脑白金定位成一种礼品，并且是一种能带给人健康的礼品，极力宣传送礼更要送健康的理念。中国自古就有尊老爱幼、孝敬父母的传统美德，这个“送礼”观念定位恰好顺应了中国的传统。脑白金增加礼品观念，增加孝心观念的策略，是其他竞争者所不具备的。

4. 企业形象定位策略。把定位的重点放在如何凸显企业的形象和树立一个什么样的企

业形象上。通过注入某种文化、某种感情、某种内涵于企业形象之中，形成独特的品牌差异。真正成功的企业形象，是恰到好处地把握住时代脉搏，击中人类共同的感动与追求。定位可以从企业文化的角度、企业情感的角度、企业信誉的角度、企业特色的角度来树立企业的形象。

“四川全兴大曲”，其广告定位中融入了四川源远流长的酒文化，通过“品全兴，万事兴”的广告语，树立其在众多中国酒品牌中的独特文化定位；“孔府家酒”一句“孔府家酒叫人想家”，注入了浓浓的思乡情感；号称中国第一酒的“茅台酒”，融入的是企业的信誉和品质。这些都成功地树立了企业独特鲜明的形象。

5. 品牌定位策略。即把定位的着眼点落在扩大和宣传品牌上。目前的市场竞争已进入了同质化时代，很多同类商品使消费者无法从简单的识别中辨别出优劣。正如人们很难说出可口可乐和百事可乐哪个更好喝些。企业之间的竞争就在于品牌的竞争。谁抢先树立了自己的品牌，谁就抢先赢得了商机。

我们可以通过求先定位、求新定位、空隙定位、竞争定位等手段来在第一时间树立起自己的品牌，建立起自己的消费群。例如，阿迪达斯、耐克、李宁都有自己的品牌特色，人们购买商品就是选择品牌。

成功的广告定位策略能帮助企业在激烈的竞争中立于不败之地，能够赋予竞争者所不具备的优势，赢得特定而且稳定的消费者，树立产品在消费者心目中的与众不同的位置。因此，在广告策划中，应准确把握广告定位。

第四节　公共关系

公共关系是促销组合中的一个重要组成部分，企业公共关系的好坏直接影响着企业在公众心目中的形象，影响着企业营销目标的实现。

一、公共关系的概念和特点

（一）公共关系的概念

公共关系是一个社会组织用传播手段使自己与相关公众之间形成双向交流，使双方达到相互了解和相互适应的管理活动。包括以下一些内容：

1. 公共关系是一个组织与其公众之间的关系。这种关系是一个组织在与公众的相互作用和相互影响中形成的。

2. 公共关系是一种特殊的思想和活动。作为一种思想，它渗透在一个组织的全部活动之中；作为一种活动，它又具有区别于组织的其他活动的特殊性和特殊要求。

3. 公共关系是现代组织管理的独立职能。公共关系的主要任务就是协调组织与公众的相互关系，使组织适应于公众的要求，使公众有利于组织的成长与发展。

4. 信息沟通与传播是公共关系的特殊手段。公共关系用以协调组织与公众的主要手段，就是信息沟通与传播。

（二）公共关系的特点

1. 情感性。公共关系是一种创造美好形象的艺术，它强调的是成功的人和环境、和谐的人事气氛、最佳的社会舆论，以赢得社会各界的了解、信任、好感与合作。我国古人办事讲究“天时、地利、人和”，把“人和”作为事业成功的重要条件。公共关系就是要追求“人和”的境界，为组织的生存、发展或个人的活动创造最佳的软环境。

2. 双向性。公共关系是以真实为基础的双向沟通，而不是单向的公众传达或对公众舆论进行调查、监控，它是主体与公众之间的双向信息系统。一方面要吸取人情民意以调整决策，改善自身；另一方面又要对外传播，使公众认识和了解自己，达成有效的双向意见沟通。

3. 广泛性。公共关系的广泛性包含两层意思：一层意思是公共关系存在于主体的任何行为和过程中，即公共关系无处不在，无时不在，贯穿于主体的整个生存和发展过程中；另一层意思指的是其公众的广泛性。因为公共关系的对象可以是任何个人、群体和组织，既可以是已经与主体发生关系的任何公众，也可以是将要或有可能发生关系的任何暂时无关的人们。

4. 整体性。公共关系的宗旨是使公众全面地了解自己，从而建立起自己的声誉和知名度。它侧重于一个组织机构或个人在社会中的竞争地位和整体形象，以使人们对自己产生整体性的认识。它并不是要单纯地传递信息，宣传自己的地位和社会威望，而是要使人们对自己各方面都要有所了解。

5. 长期性。公共关系的实践告诉我们，不能把公共关系人员当作“救火队”，而应把他们当作“常备军”。公共关系的管理职能应该是经常性与计划性的，这就是说公共关系不是水龙头，想开就开，想关就关，它是一种长期性的工作。

二、公共关系的功能

（一）建立信誉

信誉是企业的生命。一方面要树立产品的信誉；另一方面，企业的工作要为公众着想，经常分析公众的心理、意向及其变化趋势、注意社会舆论的发展变化趋势，调整自我以适应公众，博取好感，树立企业信誉。对企业来说，优良服务和优质产品是建立信誉的基础，广泛的参与，积极地投入，持久的努力是建立信誉的保证。

（二）信息沟通

公共关系本身就是组织与公众之间的“双向信息交流”。对信息的搜集整理和传递、反馈，是公共关系的重要职责。沟通包括传播和反馈两方面。一是要搜集有关市场供需信息、价格信息、公众消费心理及倾向信息、产品及企业形象信息、竞争对手信息以及其他的经济政治和社会环境信息。二是要将有关产品及组织的各种信息及时、准确、有效地传播出去，争取公众对组织的了解和理解，提高组织的知名度和美誉度，为组织树立良好的形象，创造良好的社会舆论。同时，还要处理好突发事件及有损组织形象的事件，尽量沟通，达成理解。

（三）协调关系

公共关系被誉为“广结人缘的艺术”。现代复杂的社会生活，使任何组织面临更加复杂的社会关系和社会环境，为此，组织必须进入广泛的社会活动，处理好各种关系，增进彼此的感情，减少摩擦系数，否则会给组织带来众多的麻烦和损失。公共关系要协调的内容主要包括：协调内部领导与员工的关系；协调企业各管理部门、管理层次之间关系；协调企业与外部公众的关系。

（四）决策咨询

公共关系部门就是要利用各种渠道和网络搜集与企业发展有关的一切信息，为企业决策科学化提供强有力的保证。

三、公共关系的构成要素

公共关系的结构是由组织、公众、传播三要素构成的。公共关系的主体是社会组织，客体是社会公众，联结主体与客体的中介环节是信息传播。这三个要素构成了公共关系的基本范畴，公共关系的理论研究、实际操作都是围绕着这三者的关系层层展开的。

（一）社会组织

公共关系是一种组织活动，而不是个人行为，因此，组织是公共关系活动的主体，是公共关系的实施者、承担者。我们在理解公共关系时，特别要注意这一点，不要把一些个人的行为也说成是公共关系。如某公司总裁以个人名义向野生动物基金会捐款，这是个人行为，而不是公共关系。但当他以公司的名义捐这笔款时，我们便可把这种行为理解为一种旨在提高组织（公司）的知名度和美誉度、扩大组织影响的公共关系行为。

（二）公众

简单地说，公众就是公共关系的对象。任何组织都有其特定公众，而公共关系便是组织主动地去与公众建立和维护良好关系的过程。但这并不意味着作为客体和对象的公众是完全被动的、随意受摆布的，公众随时可以表达自己的意志和要求，主动地对公关主体的政策和行为作出积极反应，从而对公关主体形成舆论压力和外部动力。公众还有一个最有效的权力——用脚投票。当公众因为不满意而使用这一权力时，他们（她们）可能不会当面抗议，也不会大吵大闹，但他们会不再光顾某一商店、某一银行、某一饭店、某一旅游点。因此，组织在计划和实施自己的公关工作时，必须认清自己的公众对象，分析研究自己的公众对象，并根据公众对象的特点及变化趋势去制定和调整公关政策和行动。

（三）传播

公共关系中的传播是指组织传播媒介向公众进行信息或观点的传递和交流。这是一个观念、知识或信息的共享过程，其目的是通过双向的交流和沟通，促进公共关系的主体和客体（组织和公众）之间的了解、共识、好感和合作，其手段主要有人际传播、组织传播和大众传播等形式。

四、公共关系的活动方式和实施步骤

（一）公共关系的活动方式

公共关系的活动方式，是指以一定的公关目标和任务为核心，将若干种公关媒介与方法有机地结合起来，形成一套具有特定公关职能的工作方法系统。按照公共关系的功能不同，公共关系的活动方式可分为五种：

1. 宣传性公关。是运用报纸、杂志、广播、电视等各种传播媒介，采用撰写新闻稿、

演讲稿、报告等形式，向社会各界传播企业有关信息，以形成有利的社会舆论，创造良好气氛的活动。这种方式传播面广，推广企业形象效果较好。

2. 征询性公关。这种公关方式主要是通过开办各种咨询业务、制订调查问卷、进行民意测验、设立热线电话、聘请兼职信息人员、举办信息交流会等各种形式，连续不断地努力，逐步形成效果良好的信息网络，再将获取的信息进行分析研究，为经营管理决策提供依据，为社会公众服务。

3. 交际性公关。这种方式是通过语言、文字的沟通，为企业广结良缘，巩固传播效果。可采用宴会、座谈会、招待会、谈判、专访、慰问、电话、信函等形式。交际性公关具有直接、灵活、亲密、富有人情味等特点，能深化交往层次。

4. 服务性公关。就是通过各种实惠性服务，以行动去获取公众的了解、信任和好评，以实现既有利于促销又有利于树立和维护企业形象与声誉的活动。企业可以以各种方式为公众提供服务，如消费指导、消费培训、免费修理等。事实上，只有把服务提到公关这一层面上来，才能真正做好服务工作，也才能真正把公关转化为企业全员行为。

5. 社会性公关。社会性公关是通过赞助文化、教育、体育、卫生等事业，支持社区福利事业，参与国家、社区重大社会活动等形式来塑造企业的社会形象，提高企业的社会知名度和美誉度的活动。这种公关方式，公益性强，影响力大，但成本较高。

相关链接

什么是危机公关

危机公关是指应对危机的有关机制，关键点公关认为，危机公关具体是指企业为避免或者减轻危机所带来的严重损害和威胁，从而有组织、有计划地学习、制定和实施一系列管理措施和应对策略，包括危机的规避、控制、解决以及危机解决后的复兴等不断学习和适应的动态过程。

（二）公共关系的实施

1. 确定公共关系的原则。

（1）以诚取信的原则。企业要在公众心目中树立良好的形象，关键在于诚实。只有诚实才能获得公众信任的回报。如果企业以欺骗的方法，吹嘘自己，必然失去公众的信任。

（2）公众利益与企业利益相协调的原则。企业的生存发展不能离开社会的支持，诸如劳动力、资金、生产资料的提供及政府的宏观调控。因此，企业因为社会公众提供优质产品，公关活动时必须将公众利益与企业利益结合起来。

2. 公共关系实施的步骤。

（1）调查研究。企业通过调研，一方面了解企业实施政策的有关公众的意见和反应，反馈给高层管理者，促使企业决策有的放矢。另一方面，将企业领导者意图及企业决策传递给公众，使公众加强对企业的认识。

（2）确定目标。一般说来，企业公关目标是促使公众了解企业形象，改变公众对企业的态度。具体地说，公关目标是通过企业传播信息，转变公众态度，即唤起企业需求。必须注意，不同企业或企业在不同发展时期，其公关具体目标是不同的。

（3）交流信息。企业通过大众传播媒体及交流信息的方式传播信息。可见，公关过程就是信息交流过程。

3. 评估公共关系结果。评价的指标可以包括：第一，曝光频率。衡量公共关系效果的最简易的方法是计算出现在媒体上的曝光次数。企业希望同时期报上有字、广播有声、电视有影。第二，反响。分析由公共关系活动而引起公众对产品的知名度、理解、态度方面的变化，调查这些变动前后变化水平。第三，如统计方便，销售额和利润的影响是最令人满意的一种衡量方法。

第五节 营业推广

一、营业推广的概念和作用

（一）营业推广的概念

营业推广也称销售促进，是指企业为了刺激早期需求、吸引消费者或其他顾客大量购买而采取的除人员推销、广告和宣传以外的那些特种促销活动。

典型的营业推广不像广告、人员推销、公共关系那样作为一种常规性的促销活动出现，而是用于短期的和额外的促销工作，其着眼点在于解决某些更为具体的促销问题，因而是非规则性、非周期性的使用和出现的，营业推广最适宜短期具体目标的完成。

（二）营业推广的作用

1. 可以吸引消费者购买。这是营业推广的首要目的，尤其是在推出新产品或吸引新顾客方面，由于营业推广的刺激比较强，较易吸引顾客的注意力，使顾客在了解产品的基础上采取购买行为，也可能使顾客追求某些方面的优惠而使用产品。

2. 可以培养顾客的品牌忠诚度，因为营业推广的很多手段，比如销售奖励、赠券等通常都附带价格上的让步，其直接受惠者大多是经常使用本品牌产品的顾客，从而使他们更乐于购买和使用本企业产品，以巩固企业的市场占有率并培养顾客的品牌忠诚度。还可采用购货累计折扣和优待的方式来促使顾客增加购货数量和提高购货频率等。

3. 可以实现企业营销目标。营业推广实际上是企业让利于购买者，它可以使广告宣传的效果得到有力的增强，破坏消费者对其他企业产品的品牌忠实度，从而达到本企业营销目标。

4. 营业推广可以有效地影响中间商，特别是零售商的交易行为。

生产企业在销售产品中同中间商保持良好关系，取得他们的合作是至关重要的。因此，生产企业往往采用多种营业推广方式来促使中间商，特别是零售商作出有利于自身的经营决策。

二、营业推广的形式

（一）面向消费者的营业推广方式

1. 赠送样品。向消费者赠送样品或试用品，是介绍新产品最有效的方法，缺点是费用高。样品可以选择在商店或闹市区散发，或在其他产品中附送，也可以公开广告赠送，或入户派送。

2. 折价券。在购买某种商品时，持券可以免付一定金额的钱。折价券可以通过广告或直邮的方式发送。

小案例

美国通用制粉公司（General MillS）新推出的一种脆麦片加葡萄干的食品，为了打开销路采用一种有效的营业推广组合。首先它们使用“免费样品”通过直邮方式寄送给广大消费者，并且在1.5盎司包装的样品内再附上一张7美分的折价优惠券。这样，当消费者吃到样品并满意后，马上拿着优惠券就可以到附近的商店内再去购买。事实证明，这一套促销“组合拳”在市场上十分成功。

（资料来源：http：//baike. baidu. com/view/2563. htm。）

3. 包装促销。以较优惠的价格提供组合包装和搭配包装的产品。

4. 抽奖促销。顾客购买一定的产品之后可获得抽奖券，凭券进行抽奖获得奖品或奖金，抽奖可以有各种形式。

5. 现场演示。企业派促销员在销售现场演示本企业的产品，向消费者介绍产品的特点、用途和使用方法等。

6. 联合推广。企业与零售商联合促销，将一些能显示企业优势和特征的产品在商场集中陈列，边展示边销售。

7. 参与促销。通过消费者参与各种促销活动，如技能竞赛、知识比赛等活动，能获取企业的奖励。

8. 会议促销。各类展销会、博览会、业务洽谈会期间的各种现场产品介绍、推广和销售活动。

9. 样品陈列及橱窗布置。样品陈列是待销商品的最好示范，能诱导购买行为，橱窗布置又是无声商品广告，能刺激顾客的购买欲望。

小案例

世界著名的连锁便利公司7－11的店铺一般营业面积为100平方米，店铺内的商品品种一般为3 000多种，每3天就要更换15～18种商品，每天的客流量有1 000多人，因此商品的陈列管理十分重要。

曾经就有这样一个趣事：一位女高中生在7－11的店铺中打工，由于粗心大意，在酸奶订货时多打了一个零，使原本每天清晨只需3瓶酸奶变成了30瓶。按规矩应由那位女高中生自己承担损失——这意味着她一周的打工收入将付之东流。经过冥思苦想，她把装酸奶的冷饮柜移到盒饭销售柜旁边，并制作了一个POP，写上“酸奶有助于健康”。令她喜出望外的是，第二天早晨，30瓶酸奶不仅全部销售一空，而且出现了断货。这个小女孩戏剧性的实践带来了7－11新的销售增长点。从此，在7－11店铺中，酸奶的冷藏柜便同盒饭销售柜摆在了一起。由此可见，商品陈列对于商品销售的促进作用是十分明显的。

7－11在具体的做法上是每周都要制作一本至少50页的陈列建议彩图，内容包括新商品的摆放，招贴画的设计、设置等，这些使各店铺的商品陈列水平都有了很大的提高。除此之外，7－11还在每年春、秋两季各举办一次商品展示会，向各加盟店铺展示标准化的商品陈列方式。另外，7－11还按月、周对商品陈列进行指导。比如，圣诞节来临之际，圣诞商品如何陈列，店铺如何装修等都是在总部指导下进行的。

（资料来源：http：//tieba. baidu. com/f? kz＝324527158。）

（二）面向中间商的营业推广方式

1. 批发回扣。企业为争取批发商或零售商多购进自己的产品，在某一时期内给经销本企业产品的批发商或零售商加大回扣比例。

2. 推广津贴。企业为促使中间商购进企业产品并帮助企业推销产品，可以支付给中间商一定的推广津贴。

3. 销售竞赛。根据各个中间商销售本企业产品的实绩，分别给优胜者以不同的奖励，如现金奖、实物奖、免费旅游、度假奖等，以起到激励的作用。

4. 扶持零售商。生产商对零售商专柜的装潢予以资助，提供 POP 广告，以强化零售网络，促使销售额增加；可派遣厂方信息员或代培销售人员。生产商这样做目的是提高中间商推销本企业产品的积极性和能力。

（三）面对内部员工的营业推广方式

主要是针对企业内部的销售人员，鼓励他们热情推销产品或处理某些老产品，或促使他们积极开拓新市场。一般可采用方法有：销售竞赛、免费提供人员培训、技术指导等形式。

三、营业推广的决策过程

营业推广是指组织者对营业推广活动及其有关因素的分析与决策过程。包括确定目标、选择方式、制定方案、方案实施与评价。

（一）确定营业推广目标

营业推广的目标按其作用对象划分有三种类型：

1. 针对消费者，目标是灌输某种观念，刺激消费者购买。

2. 针对批发商或零售商，目标是吸引其购买并经销商品，使经销商产生对品牌或厂家的忠诚。

3. 针对推销人员，目标是鼓励其推销产品，刺激其寻找更多的潜在顾客。

（二）选择营业推广方式

营业推广的方式很多，企业要根据市场类型、销售目标、竞争环境以及各种推广方式的成本和效益等选择适当的营业推广工具。对不同的推销对象，其工具也不同。

（三）制订营业推广方案

企业在制定营业推广方案时应考虑如下因素：

1. 决定推广规模。如果能选择费用有限而效益最高的推广办法，有一定的规模就够了。确定规模较佳的依据是推广刺激费用与营业收入之间的效应关系。

2. 参加者的条件。要根据顾客或经销商的具体特点，选择能产生最佳推广效果的刺激对象。

3. 推广途径。企业应根据其普及面及费用合理选择。必须选择既能节约推广费用，又能收到与其效果的营业推广工具。常规途径有三种：即包装分送、商店分发、邮寄广告。

4. 推广期限。期限应适当，若时间过短会使一部分潜在顾客来不及购买。时间过长，会产生对某种商品的变相大拍卖的印象，激发不起购买积极性，且费用大而效益小，甚至影响企业声誉。因此，合理安排推广期限，能使企业获得理想的效益。

5. 推广时机的选择。推广时机选择得好，能起到事半功倍的效果，时机选择不当，则效果适得其反。企业应综合考虑产品的生命周期、顾客收入状况及购买心理、市场竞争状况等，不失时机地制订营业推广策略。

6. 推广费用预算。营业推广固然可以使销售增加，但同时也相应增加了推广费用。企业要权衡刺激费用与营业受益的得失，比较推广费用与收益的比值，从而确定促销的规模和程度。

（四）营业推广的实施与评价

企业应为每一种营业推广方式确定具体实施方案。如果条件许可，在实施前应进行测试，以便明确所选方案是否恰当。在具体实施过程中应把握两个时间因素：一是实施方案之前所需的准备时间；二是推广始末的实践间隔。实践证明，从正式推广开始到大约95%的商品已推广售完的时间为最佳期限。

课后练习

一、单项选择题

1. 促销工作的核心是(　　)。
A. 出售商品　　B. 沟通信息　　C. 建立良好关系　　D. 寻找顾客

2. 以下关于促销与营销的说法正确的是(　　)。
A. 促销就是营销　　B. 促销是营销的发展
C. 促销是营销策略的一部分　　D. 促销是营销的重点

3. 促销的目的是引发刺激消费者产生(　　)。
A. 购买行为　　B. 购买兴趣　　C. 购买决定　　D. 购买倾向

4. 人员推销一般包括上门推销、柜台推销和(　　)三种形式。
A. 宣传推销　　B. 会议推销　　C. 协作推销　　D. 节假日推销

5. 在人员推销中，常采用的“刺激—反应”策略也称作(　　)策略。
A. 针对性　　B. 诱导性　　C. 说明性　　D. 试探性

6. 在以下几种广告媒体中，效果最好、费用最高的是(　　)。
A. 报纸　　B. 电视　　C. 杂志　　D. 广播

7. 公共关系是一项(　　)的促销方式。
A. 一次性　　B. 偶然　　C. 短期　　D. 长期

8. 公共关系的对象是(　　)。
A. 群众　　B. 公众　　C. 顾客　　D. 中间商

9. 一般日常生活用品，适合于选择(　　)媒介做广告。
A. 人员　　B. 专业杂志　　C. 电视　　D. 公共关系

10. 营业推广又称(　　)，它是促销组合的重要方式。
A. 销售渠道　　B. 产品推销　　C. 销售组合　　D. 销售促进

二、多项选择题

1. 促销的具体方式包括(　　　　)。
   A. 市场细分　B. 人员推销　C. 广告　D. 公共关系
   E. 销售促进
2. 促销策略从总的指导思想上可分为(　　　　)。
   A. 组合策略　B. 单一策略　C. 推式策略　D. 拉式策略
3. 影响促销组合和促销策略的制定的影响因素主要有(　　　　)。
   A. 促销对象　B. 促销目标　C. 产品因素　D. 市场条件
   E. 促销预算
4. 人员推销的基本形式包括(　　　　)。
   A. 上门推销　B. 柜台推销　C. 会议推销　D. 洽谈推销
   E. 约见推销
5. 推销员应具备的知识有(　　　　)。
   A. 顾客知识　B. 产品知识　C. 竞争者知识　D. 心理学知识
   E. 生活知识
6. 广告最常用的媒体包括(　　　　)。
   A. 报纸　B. 杂志　C. 广播　D. 电影
   E. 电视
7. 按广告的诉求方式分为(　　　　)。
   A. 理性诉求　B. 感性诉求　C. 广播　D. 电视
8. 公共关系的功能包括(　　　　)。
   A. 建立信誉　B. 信息沟通　C. 协调关系　D. 决策咨询
9. 公共关系的活动方式可分为(　　　　)。
   A. 宣传性公关　B. 征询性公关　C. 交际性公关　D. 服务性公关
   E. 社会性公关
10. 面向中间商的营业推广方式有(　　　　)。
    A. 批发回扣　B. 推广津贴　C. 销售竞赛　D. 扶持零售商
11. 非人员促销方式包括三种方式：(　　　　)。
    A. 人员推销　B. 广告　C. 公共关系　D. 营业推广
12. 面向消费者的营业推广方式有(　　　　)。
    A. 赠送样品　B. 推广津贴　C. 包装促销　D. 折价券

三、判断题

1. 促销的实质是沟通。(　　)
2. 促销的目的是与顾客建立良好的关系。(　　)
3. 营业推广能在短期内刺激顾客大量购买，因此，企业应该将其作为一种常规性的促销方式。(　　)
4. 企业在其促销活动中，在方式的选用上只能在人员促销和非人员促销中选择其中一

种加以应用。 (　　)

5. 对于价格较低、技术性弱、买主多而分散的消费品适宜采用广告方式促销；而对于价格昂贵、技术性强、买主少而集中的工业用品，适宜采用人员推销方式促销。 (　　)

6. 由于人员推销是一个推进商品交换的过程，所以买卖双方建立友谊、密切关系是公共关系而不是推销活动要考虑的内容。 (　　)

7. 人员推销是一种“拉”式促销策略。 (　　)

8. 广告的本质是传播，广告的灵魂是创意。 (　　)

9. 企业在促销活动中，如果采取“推”的策略，则广告的作用最大；如果采用“拉”的策略，则人员推销的作用更大些。 (　　)

10. 公共关系的目标是塑造组织形象。 (　　)

11. 公共关系是一种信息沟通，是创造“人和”的艺术。 (　　)

12. 营销推广在较长的时期内，对销售量的迅速提高是很有效的。 (　　)

13. 公共关系具有影响面广、可信度高、效果持久的特点，可提高企业的美誉度。(　　)

14. 营业推广活动停留时间短、费用高、针对性不强，不易促成即时购买。 (　　)

四、简答题

1. 什么是促销？它的目的是什么？
2. 人员推销有什么特点？
3. 广告在企业促销组合中有何作用？
4. 对消费者的营业推广有哪些具体方式？

五、案例分析

雨伞——请自由取用

日本大阪新电机日本桥分店，有个独特的广告妙术——每逢暴雨骤至之时，店员们马上把雨伞架放置在商店门口，每个伞架有30把雨伞，伞架上写着：“亲爱的顾客，请自由取用，并请下次来店时带来，以利其他顾客。”未带雨伞的顾客顿时愁眉舒展，欣然取伞而去。当有人问及，如顾客不将雨伞送回怎么办？经理回答说：“这些雨伞，都是廉价的，而且伞上都印有新电机的商标。因此，即使顾客不送也没关系，就是当作广告也是值得的。这对商店来说，是惠而不费的美事。”

思考与分析：

本例中的广告有何特点？其成功之处何在？

综合实训

实训操作一

【实训名称】 分析超市的市场营销环境和市场营销观念。

【实训学时】 4 学时。

【实训目标】 通过实训，能运用市场营销的环境因素和市场营销观念的理论分析问题和解决问题。

【实训步骤】

（1）分组讨论：5～6 人一组，找出影响你所在城市最兴旺的一家超市的市场营销活动的环境因素和市场营销观念。

（2）对影响超市的各种环境因素进行分析，找出企业营销的风险和机会。

（3）分析所选超市采用的市场营销观念是否适应市场营销环境。

（4）各组代表向全班同学介绍分析情况。

【评分标准】（总分 100 分）

（1）能找出影响所选超市的环境因素和市场营销观念 10%。

（2）能对影响所选超市的各种环境因素进行分析，找出企业营销的风险和机会 30%。

（3）能分析所选超市采用的市场营销观念是否适应市场营销环境 20%。

（4）分析透彻 20%。

（5）文笔流畅、重点突出、讲解清晰 10%。

（6）现场介绍效果好 10%。

（7）评分等级：

A. 90 分以上　　B. 80～89 分　　C. 70～79 分　　D. 60～69 分

E. 60 分以下

实训操作二

项目一

假设公司的一个重要顾客抱怨公司的服务水平、服务质量以及在顾客满意度方面存在很多问题。如果你作为一名营销人员，你应该如何处理该重要顾客的不满，试描述出你的改进措施和办法。

【实训目标】 培养学生掌握提高顾客满意度的方法。

【实训学时】 4 学时。

【实训步骤】

（1）分组讨论：以 4 ~5 人为一组，开展讨论，找出顾客的抱怨有哪些方面，存在哪些问题?

（2）对产生顾客抱怨方面的问题进行分析，提出具体的改进措施和办法。

（3）各组代表向全班同学描述说明本组处理该重要顾客不满的措施和办法。

实训要求：要充分调动和提高学生的积极性与参与度，要让每位学生深入分析与讨论，从中得到启发、锻炼和提高，并写出实训感悟。

项目二

以学生自己的购买消费活动为例，分析顾客让渡价值、购买动机和购买行为过程。

【实训目标】 培养学生掌握分析消费者购买行为及购买活动规律的能力。

【实训学时】 2 学时。

【实训步骤】

（1）分组准备：以 5 ~6 人为一组。

（2）先找两件具有明显差异的同类（如波导的品牌手机和摩托罗拉的品牌手机）商品，开展讨论这两类品牌的手机，消费者在各自需求上具有哪些需求特征。

（3）在教师的指导下先进行模拟角色扮演训练，然后再推荐出代表，向全班同学模拟消费者购买活动。

（4）各组代表向全班同学说明如何分析顾客让渡价值、购买动机和购买行为过程。

实训要求：要充分调动和提高学生的积极性与参与度，要让每位学生深入分析与讨论，从中得到启发、锻炼和提高，并写出实训感悟。

实训操作三

【实训任务】 通过对本地大型超市的调查及上网搜集相关资料，分析我国方便面行业，识别领导、挑战、追随和补缺的企业，分析替代品对该行业的影响。

【实训目标】 通过该实训项目的操作，使学生掌握分析竞争者的方法，同时把握不同市场地位的企业所应采取的营销战略。

【实训学时】 4 学时。

【实训步骤】

（1）搜集康师傅、统一等方便面生产企业资料。

（2）判断上述企业的竞争地位。

（3）分析各企业的营销战略。

（4）了解速冻食品（水饺、馒头等）对方便面销售的影响。

（5）提出解决问题的办法和建设性的策略。

（6）全班按 6 人/组进行分组讨论，以组为单位完成实训任务。

【实训总结】 要求每组学生完成 800 ~ 1 000 字的实训报告，老师批阅实训报告，并在下一次实训课上进行讲评和总结。

实训操作四

【实训内容】 调查问卷的设计。

【实训学时】 6 学时。

【实训目标】 熟悉和掌握问卷设计的基本程序和方法。

【实训要求】 正确掌握调查问卷的基本结构，熟练运用各类不同问卷题型，遵循调查问卷设计的一般原则，在老师的指导下能够设计出满足调查目的调查问卷。

【实训情境】 随着人们健康意识的不断提高，果汁饮品的消费需求不断增长。某传统碳酸饮料生产企业拟开发果汁饮品，进入果汁饮品市场。企业在对未来新产品的产品策略、价格策略、渠道策略和促销策略进行决策时，需要进行相关的市场调查，为企业决策提供依据。

【实训步骤和组织】

（1）步骤。明确调查主题和资料范围；分析样本特征，确定问卷类型；确定题型类型，设计问卷；对问卷进行测试、修订；正式问卷定稿。

（2）组织。每4~5名同学组成小组进行讨论设计。完成后，每组提交一份问卷。在老师的组织下，在全班范围内对各小组所设计的问卷进行分析评价。

实训操作五

【实训内容】 产品的市场定位。

【实训学时】 4学时。

【实训目标】 正确理解市场定位的涵义，熟悉和掌握市场定位的程序、方法和策略。

【实训任务和要求】 正确运用市场定位的程序、方法和策略，实现企业产品的市场定位。

【实训情境】

随着手机的日益普及，手机市场需求不断快速增长。某省是我国中部的一个人口农业大省，根据全省经济发展战略规划，省内某高科技企业决定上马手机生产项目，以填补本省移动通讯产品生产空白。根据规划，产品将首先面向本省市场。面对激烈竞争的手机市场，根据本省市场消费需求的特点，结合该企业的研发能力、生产能力和其他资源条件，将要开发的手机产品应该如何进行市场定位?

【实训步骤和组织】

（1）步骤。分析该省市场的基本特点，确定产品的主要目标人群；根据该省市场的基本需求特点，识别和确定自身的竞争优势；分析竞争对手的市场定位状况；决定并传播本企业的市场定位。

（2）组织。每5~6名同学组成小组进行分析讨论。根据本章所学相关理论，按照市场定位的程序、方法，决定应采用的定位策略。在老师的组织下，由每小组的代表阐述本组的观点和依据，最后由老师作出点评和总结。

实训操作六

【实训名称】 深化产品的整体概念和产品的生命周期策略，学会品牌和包装欣赏。

【实训学时】 4学时。

【实训目标】 培养学生自主、互动、沟通和协作的职业素养和分析解决问题的专业技能，并让学生开拓视野、懂得品牌和包装欣赏。

【实训步骤】

（1）每 6 ~ 10 人一组，搜集整理糖果、饼干、化妆品、饮料等产品国际国内著名品牌及它们的包装。

（2）讨论所选产品的整体概念的 5 个层次，顾客购买这些产品关注什么，属于产品整体概念的哪个层次？

（3）讨论在市场上所选产品属于产品生命周期的哪个时期？企业可采取何种营销策略？

（4）讨论所选产品的品牌内涵，它的品牌文化是什么？

（5）包装欣赏。

（6）各组推出一名代表分析讲解。

【评分标准】（总分 100 分）。

（1）积极参与搜集整理品牌、包装 10%。

（2）能分析具体产品整体概念的 5 层次含义；并说明顾客最关注的是什么？其属于产品整体概念的哪个层次？30%。

（3）能分析具体产品属于产品生命周期的哪个时期？并采取相应的策略 20%。

（4）分析透彻 20%。

（5）文笔流畅、重点突出、讲解清晰 10%。

（6）现场介绍效果好 10%。

（7）评分等级。

A. 90 分以上　B. 80 ~ 89 分　C. 70 ~ 79 分　D. 60 ~ 69 分

E. 60 分以下

实训操作七

【实训任务】 到学校附近某企业或某商场调查，了解企业商品的营销定价方法和营销策略。

【实训目标】 让学生掌握营销定价方法与营销定价策略。

【实训学时】 4 学时。

【实训步骤】

根据教学班级人数，将学生划分为若干小组，以 4 ~ 6 人为宜，分别以小组为单位，组织教学实践，开展讨论，在充分讨论的基础上，形成小组课题报告。小组成绩将计入每位组员的实训成绩，并写出实训感悟。

实训操作八

【实训任务】 通过对某企业分销渠道调查，分析影响分销渠道的因素及分销渠道的选择与管理该如何进行。

【实训目标】 通过该实训项目的操作，使学生熟悉分销渠道设计的基本思路，掌握目前市场上有关企业分销渠道设计的策略及运作情况。

【实训学时】 4 学时。

【实训步骤】

（1）搜集企业资料。

（2）了解分销渠道目标。

（3）找出目前分销渠道的问题。

（4）提出解决问题办法和建设性的策略。

（5）全班按 6 人/组进行分组讨论，以组为单位完成实训任务。

【实训总结】 要求每组学生完成 200 ~ 500 字的实训报告，老师批阅实训报告，并在下一次实训课上进行讲评和总结。

实训操作九

【实训任务】 根据资料，设计一个简单的促销组合方案。

【实训目标】 通过实训，使学生掌握促销组合策略、组织实施及方案设计。

【实训学时】 4 学时。

【实训资料】 江西某酒业集团利用当地被誉为“桔中之王”的南丰蜜桔，成功地研发了一种高品质的果酒，企业为产品的命名为“贡桔干酒”。在当年，世界果酒执行主席麦尔考先生对“贡桔干酒”给予了高度评价；2000 年年初，该酒又获得了布鲁塞尔国际博览会的酒类最高奖。

果酒按类型可分为：干型酒、半干酒、半甜酒、甜酒。其中，最高档的是干型酒（甜度在 4 度以下）。在市场上，最流行和销量最大的果酒是葡萄酒，其中又以干白、干红居品级之冠。“贡桔干酒”色泽淡黄，酒体丰满，香味典型，含锶、硒等益脑微量元素，其维生素和氨基酸含量均超过干白和干红。2007 年 8 月，北京的一家市场调查公司经过对全国五大城市调查，对该酒给予了基本肯定，认为该酒的市场零售价应定在 14 元/瓶左右；稍后，广州一家调查公司认为该酒的零售价不能高于10元/瓶。

北京某调查公司的调查资料：

（1）对酒色的喜好度调查：在调查的总样本中，消费者喜欢的酒色依次是：红色、黄色、桃红色、白色、淡绿色。因此，黄颜色的酒是被消费者接受和认可的。产品的颜色对“干黄”的销售会起到较好的推动作用。

（2）干红和干白的认知调查：干红和干白葡萄酒由于上市时间比较早，消费者对其认知率比较高。在样本中，有96.95%的消费者知道“干红”指的是葡萄酒；有76.12%消费者知道“干白”指的是葡萄酒。同时，有55.30%的人知道“干酒”指的是“无糖果酒”，另外有18.30%的人把“干白”误认为是一种白酒。调查显示，消费者对干白和干红的认知率越高，其对“干黄”的联想率就越高。

（3）干黄的联想认知调查：调查显示，南京对“干黄”的认知率最高，达67.84%，认知率最低的是西安，有43.20%。人们对干黄的联想认知在总样本中的均值为57.16%。调查数字表明，产品“干黄”的创意命名是成立的。

消费行为研究：

（4）消费行为：市场调查发现，果酒的消费特点主要集中在节庆日和酒店娱乐场所。调查对象在卷中回答“在什么情况下才喝果酒”时，其答案如下：58.60%的人在过节团聚时饮用；24.03%的人在平时就爱喝；21.63%的人在酒吧娱乐场所饮用；16.53%的人在酒店、餐饮时饮用；12.11%的人随别人一起喝。这个市场调查结果，为销售渠道选择提供了依据。

（5）消费者对新产品的了解方式：消费者通常情况下是用以下方式知道新酒上市的，有70.39%的人是通过电视广告；有28.40%的人是通过报纸广告；有12.45%的人是听别人介绍；有11.93%的人是看到了厂家促销宣传；有8.58%的人是由服务人员介绍的。这个市场调查结果，为市场启动提供了依据。

【实训步骤】

（1）阅读案例资料。

（2）进行市场状况分析。

（3）设计销售目标。

（4）促销的策略或计划。

（5）行动方案或具体活动安排。

（6）促销预算。

（7）全班按6人/组进行分组讨论，以组为单位完成实训任务。

【实训总结】

要求每组学生完成1 500～2 000字的实训报告，老师批阅实训报告，并在下一次实训课上进行讲评和总结。

主要参考书目

1. 苗心月主编：《市场营销学理论与实务》（第二版），清华大学出版社2008年版。
2. 孙天福主编：《市场营销基础》，华东师范大学出版社2006年版。
3. 全国中等职业学校财经类专业教材编写组：《市场学基础》，高等教育出版社1996年版。
4. 李纪军主编：《市场营销实务》，清华大学出版社2009年版。
5. 方光罗主编：《市场营销学》，东北财经大学出版社2007年版。
6. 范云峰主编：《市场营销》（第一版），中国经济出版社2006年版。
7. 屈冠银编著：《市场营销理论与实训教程》，机械工业出版社2009年版。
8. 张卫东主编：《市场营销理论与实训》，电子工业出版社2006年版。
9. 吴健安主编：《市场营销学》，高等教育出版社2004年版。
10. 刘传江主编：《市场营销学》，中国人民大学出版社2004年版。
11. 王瑶主编：《市场营销基础实训与指导》，中国经济出版社2009年版。
12. 张卫东主编：《市场营销禁忌100例》，电子工业出版社2009年版。
13. 吴涛主编：《市场营销管理》，中国发展出版社2005年版。
14. 曹晓春主编：《市场营销学》，北京大学出版社2001年版。
15. 吴泗宗主编：《现代市场营销学》，同济大学出版社2000年版。